teach®
yourself

beginner's
dutch
gerdi quist and
dennis strik

For over 60 years, more than
40 million people have learnt over
750 subjects the **teach yourself**
way, with impressive results.

be where you want to be
with **teach yourself**

For UK order enquiries: please contact Bookpoint Ltd., 130 Milton Park, Abingdon, Oxon OX14 4SB. Telephone: +44 (0)/1235 827720. Fax: +44 (0)/1235 400454. Lines are open 09.00–18.00, Monday to Saturday, with a 24-hour message answering service. Details about our titles and how to order are available at www.teachyourself.co.uk.

For USA order enquiries: please contact McGraw-Hill Customer Services, P.O. Box 545, Blacklick, OH 43004-0545, USA. Telephone: 1-800-722-4726. Fax: 1-614-755-5645.

For Canada order enquiries: please contact McGraw-Hill Ryerson Ltd, 300 Water St, Whitby, Ontario L1N 9B6, Canada. Telephone: 905 430 5000. Fax: 905 430 5020.

Long renowned as the authoritative source for self-guided learning – with more than 30 million copies sold worldwide – the *Teach Yourself* series includes over 300 titles in the fields of languages, crafts, hobbies, business, computing and education.

British Library Cataloguing in Publication Data: a catalogue entry for this title is available from The British Library.

Library of Congress Catalog Card Number: on file.

First published in UK 2002 by Hodder Headline Ltd, 338 Euston Road, London NW1 3BH.

First published in US 2002 by Contemporary Books, a Division of the McGraw Hill Companies, 1 Prudential Plaza, 130 East Randolph Street, Chicago, IL 60601 USA.

This edition published 2003.

The 'Teach Yourself' name is a registered trade mark of Hodder & Stoughton Ltd.

Typeset by Transet Limited, Coventry, England.
Printed in Great Britain for Hodder & Stoughton Educational, a division of Hodder Headline Ltd, 338 Euston Road, London NW1 3BH, by Cox & Wyman Ltd, Reading, Berkshire.

Impression number   10 9 8 7 6 5 4 3 2 1
Year   2009 2008 2007 2006 2005 2004 2003

contents

introduction

Before you start

Read this introduction. It will give you some general
information and an idea of how the book is structured and
how to approach the course. It also gives you a few tips for
learning.

What's in a name?

Dutch is the name of the official language spoken in **the
Netherlands** and in the Dutch-speaking northern part of
Belgium, **Flanders**. This whole area is sometimes referred to
as **the Low Countries**. Over 20 million people speak Dutch as
their first language, so it is by no means a minority language.

The Netherlands is also frequently referred to as **Holland**,
particularly in sporting competions. However, strictly
speaking, the name Holland refers only to the two western
provinces (Noord-Holland and Zuid-Holland). Dutch people
living outside this area might well correct you if you refer to
their country as Holland. Dutch is learnt and studied
worldwide by many people and, contrary to what many
Dutch would have you believe, it is a relatively easy language
to learn, particularly for speakers of English, owing to the
many similarities in vocabulary and the regularities of the
language.

What's this book about?

This book is designed for beginners of Dutch who have little
or no previous language-learning experience. It aims to

introduce you to the basics of the Dutch language and to give you some insight into Dutch (and to a lesser extent Flemish) culture. The book aims to help you in communicating in real-life situations and conversations; not just to give you phrases for shopping and ordering food, but to give you the basics for creating your own messages and meanings. To do this, this extensively revised edition introduces you to grammatical patterns, vocabulary and expressions which are used frequently in the Low Countries. To communicate naturally with native speakers it is also very important that you understand what things are (usually) said or cannot be said in certain situations. To this end we have included some information about this, particularly about the level of (in)formality of certain ways of saying things. By the end of the course you should have acquired enough language to engage in simple conversations and to read some basic and straightforward texts.

How is it structured?

This book is structured progressively throughout. It is structured in such a way that initially you learn simple language patterns which you can apply to many different situations. Each unit builds on the previous ones and gradually you will be learning new language patterns and vocabulary across a variety of topics and situations.

There are 13 units, some short, some longer. The units contain dialogues indicated by **Dialoog,** a large number of exercises or activities (**Activiteit**) and various explanations. These explanations are divided between those explaining grammar (**Language structures**) and those explaining how and when language items are used (**language use**). At the back of the book, you will find a **Grammar summary** which explains the basic rules of Dutch grammar. In addition we have included culture notes (indicated by **ⓘ**) which generally avoid the typical tourist information you will find in any tourist guide, but instead tell you about conventions and trends in such topics as eating, holidays or values in general in the Low Countries. In the latter part of the book you will also find some reading texts (**Tekst**). These will be good practice for when you're travelling to the Netherlands or Belgium, where you will be surrounded by all sorts of different texts, from newspapers to advertisements and street signs.

How do you learn a new language?

Unfortunately, there is no foolproof way of learning a new language.

Different people learn in different ways. Some may prefer to learn about the rules of the language and to practise these. Others may prefer to start talking with native speakers as soon as possible and to learn phrases which they can use in real life immediately. This course is designed to cater for both these ways of learning. In general, though, it is a good idea if you use as many different strategies as possible. It may help you to memorize all the different words and patterns you have learnt, or you may want to practise the different patterns with the new vocabulary or new situations you encounter. Clearly, if you learn a new language, it does mean you will need to invest some time in it. The only way for language to stick is to practise and preferably use it in real situations. But in most cases of learning a foreign language you will have to make do with second best: exercises to help you to communicate.

It is important that you practise regularly, because each unit will include some of the new words and patterns which you have learnt in the previous units. It is better to practise only half an hour a day than one three-hour session a week.

Finally, learning a new language from a self-study book is clearly no substitute for attending classes, where you can communicate in Dutch with the teacher and other students. Ideally, you should take every opportunity available to talk in Dutch with a (near) native speaker and to read or listen to authentic Dutch material. It might also help if you can get hold of a children's book with a recording. You will then be able to listen and read at the same time. Not all children's books are interesting for adults, but in recent years some good books have been published, even for the younger age range. The advantage of these is that the language used is simple, but authentic and up to date.

How to learn new vocabulary

Learning many new words can be a daunting task, particularly if you haven't learnt a foreign language before. Many people devise their own strategies to help them in learning new words. This could be speaking the new words onto a tape and listening to them while you are in the car or doing chores around the house. It could be writing words on Post-its and sticking them around the house, bathroom or wherever you will see them regularly. One thing you should do is to make a vocabulary list yourself of all the new words you encounter. Even though there is a vocabulary list at the end of this book, the advantage of having your own list is that you can group the words in a way that makes it easier to remember for *you*. You could group words around topic areas or you could group words grammatically, e.g. verbs, nouns etc., whatever makes it logical for you. It is important that whenever you list a word, you list it with an example sentence (or two) so that you can learn the word in the context(s) in which it is used.

Spelling rules

Spelling rules are given in the next chapter. Many people find these rules difficult, particularly before they know much Dutch. If you see spellings in the first few units that seem to change and that you can't understand, you can refer to these rules for guidance. However, if at first you still remain confused, stick to the main spelling of the word that you find in the vocabulary list. Later, however, you will have to get to grips with these rules.

Symbols used in this book

 recording

 cultural information

pronunciation and spelling

It is important to get your pronunciation right from the start. Here are a few suggestions about how to do this:

- Listen to the pronunciation guide on the recording and try to imitate the sounds and words as often as you can. If you do not have the recording, then follow the written instructions very carefully.
- When you start work on the units, listen to the dialogues as often as possible and repeat them out loud until your pronunciation comes as close as possible to that of the speaker on the recording.
- Record your own voice and then check that it sounds similar to the version on the recording. If you know a native speaker, ask them to correct your pronunciation.
- Listen to Dutch native speakers, the Dutch radio and television and even Dutch songs to familiarize yourself with Dutch sounds.
- Fortunately, you don't have to worry too much about the stress in words since this generally falls on the first syllable.
- Keep going: with practice you will develop a reasonable accent so that you can be easily understood.

Dutch sounds

Consonants

As a speaker of English, you won't find Dutch consonants much of a problem. The consonants are generally pronounced the same as in English. Here are the main exceptions:

ch	**licht** *light*	As in Scottish *loch*. You should feel it at the back of your mouth. Sounds softer the further south you go.
g	**gek** *mad*	The same guttural sound as **ch** above. Never pronounced as either English *g* sound.
j	**ja** *yes*	As in English *y* in *yes*.
k, p, t	**kat** *cat*, **pop** *doll*, **tas** *bag*	The same as in English but without exhaling as much air (hold your hand in front of your mouth and make sure you feel no air coming out with the Dutch words).
r	**rood** *red*	Can be made by trilling your tongue against the back of your upper teeth or by making friction at the back of the mouth (like a French *r*).
sch	**school** *school*	A combination of **s** and **ch**.
v	**vis** *fish*	Like English *v* in *give*, but sometimes closer to English *f*, especially at the beginning of words.
w	**wit** *white*	Between English *v* and *w*. Hold your upper teeth against your lower lip.

Vowels

Dutch vowel sounds can be a bit trickier than the consonants because they differ considerably from those in English. There are short vowel sounds, long vowel sounds and combinations of vowels.

Short vowel sounds

a	**man** *man*	As in *hard* but shorter.
e	**lek** *leak*	As in *set* but shorter.
i	**lip** *lip*	As in *bit* but shorter.
o	**bot** *bone*	As in *hot* but shorter.
u	**kus** *kiss*	Similar to *dirt* but shorter.

Long vowel sounds

aa	**maan** *moon*	As in *cat* but longer.
ee	**leek** *layman*	As in *lane*.
eu	**neus** *nose*	There is no equivalent in English. Try making a vowel sound as in *dirt* while rounding/pouting your lips tightly.

ie	**niet** *not*	As in *cheat*.
oe	**boek** *book*	As in *book* but with your lips more rounded.
oo	**boot** *boat*	As in *boat*.
uu	**vuur** *fire*	No equivalent in English. Try making a vowel sound as in *leak* while pursing your lips. Before **r**, vowel sounds become much longer.

Combinations of vowels

au/ou	**blauw** *blue*	No equivalent in English. Try making a vowel sound as in *shout* but start by rounding your lips more with your mouth wide open.
aai	**saai** *boring*	A combination of **aa** and **ie**.
eeuw	**eeuw** *century*	A combination of **ee** and **oe**.
ei/ij	**trein** *train*	No equivalent in English. In between the English vowel sounds in *night* and *late*. **NB** When writing, **ij** is usually written as one letter, like an English *y* with dots.
ieuw	**nieuw** *new*	A combination of **ie** and **oe**.
oei	**doei** *bye*	A combination of **oe** and **ie**.
ooi	**mooi** *beautiful*	A combination of **oo** and **ie**.
ui	**huis** *house*	No equivalent in English. Try making the English vowel sound as in *house* while tightly pursing your lips and pressing your tongue down.
uw	**ruw** *rough*	A combination of **uu** and **oe**.

There is one other Dutch vowel sound which is similar to the English vowel sound in *sister*. This sound (easy to pronounce – just let air escape through your open mouth) can be spelt in different ways:

e	as in **de** *the*
ee	as in **een** *a/an*
i	as in **aardig** *nice*
ij	as in **lelijk** *ugly*

Spelling

Dutch spelling is pretty straightforward and regularized. There is only one major rule to learn, which concerns the vowel sounds **a, e, o, u.**

In the section on short vowel sounds we saw:

man *man*   **lek** *leak*   **bot** *bone*   **kus** *kiss*

These short vowel sounds are always spelt with one letter and always occur in a closed syllable (a syllable ending in a consonant).

In the section on long vowel sounds we saw:

maan *moon*   **leek** *layman*   **boot** *boat*   **vuur** *fire*

These long vowel sounds can be spelt either with two letters (as in the examples) or one letter (**a, e, o, u**), depending on whether they appear in a closed syllable (ending in a consonant) or an open syllable (ending in a vowel).

The long vowel sounds are always spelt with two letters in closed syllables, as in the examples just seen. However, when they appear in an open syllable, they are spelt with a single letter. This happens, for instance, when **–en** is added to make words plural:

maan *moon*   **leek** *layman*   **boot** *boat*   **vuur** *fire*
<u>ma</u>nen *moons*   <u>le</u>ken *laymen*   <u>bo</u>ten *boats*   <u>vu</u>ren *fires*

When **–en** is added, the first syllable (underlined) becomes an open syllable (the **n, k, t, r** in the middle of the examples becomes part of the second syllable), which means the long vowel sound is spelt with one letter only.

This seems easy enough, although you may well wonder what to do if you want to make **man** *man* plural (you clearly can't just add **–en** because then you'd get **manen** *moons*). There is a simple solution: double the consonant, so the first one goes with the first syllable, thereby keeping it closed).

man *man*   **lek** *leak*   **bot** *bone*   **kus** *kiss*
mannen *men*   **lekken** *leaks*   **botten** *bones*   **kussen** *kisses*

01

ik ben verpleegster
I am a nurse

In this unit you will learn
- how to talk about yourself
- how to provide others with information
- how to introduce others
- how to name some professions

▶ Tekst *Text*

The following short biographies are written for a website for Dutch as a foreign language course. They give some information about some of the volunteers who help people with their course outside the class.

Dit is Karel Bos.		*This is Karel Bos.*
Hij is zakenman.		*He is a businessman.*
Hij spreekt Engels		*He speaks English*
en Frans.		*and French.*
Hij woont in		*He lives in*
Amsterdam.		*Amsterdam.*
Hij helpt Jill		*He helps Jill*
Johnson.		*Johnson.*

Dit is Wieteke		*This is Wieteke*
Jansma.		*Jansma.*
Zij is kunstenares.		*She is an artist.*
Zij spreekt Engels		*She speaks English*
en Duits.		*and German.*
Zij woont in		*She lives in*
Arnhem.		*Arnhem.*
Zij helpt Farah		*She helps Farah*
Ahmeti.		*Ahmeti.*

Look at the patterns of these sentences. You can introduce someone by saying **Dit is** and giving his/her name. In the examples you have **Karel Bos** (a man) and **Wieteke Jansma** (a woman). Then in the example more information about these people is given. To refer to these people again, you can say **hij** *(he)* if it's a man and **zij** *(she)* if it's a woman.

Activiteit 1

Look at the following forms, which give you information about two people.

a naam: Tom Peters
  beroep: docent
  talen: Engels en Spaans
  woonplaats: Utrecht
  helpt: Allie Mitchel

b naam: Leona Beke
  beroep: bankassistente
  talen: Engels en Italiaans
  woonplaats: Amersfoort
  helpt: Marisa Delporte

de naam	*name*
het beroep	*job, profession*
de taal	*language*
de woonplaats	*place of residence*
de docent	*teacher*
de bankassistente	*bank employee* (f.)
Spaans	*Spanish*
Italiaans	*Italian*

Write a memo about these two people using the same pattern as in the previous text.

Language structures

You have now learnt how to talk about someone else using **hij** or **zij**. But if you want to talk about yourself you use the pronoun **ik** (*I*) and you will need to change the form of the verb:

Ik ben Sara Bakker.
Ik ben verpleegster.
Ik spreek Engels en Frans.

Ik woon in Hilversum.
Ik help Ben Mendoza.
Ik werk in een ziekenhuis.

Activiteit 2

Introduce yourself using the pattern given earlier as if you were Karel Bos. Then try it as if you were Tom Peters.

Activiteit 3

Write two short introductions for yourself for the website mentioned in the **Tekst** as if you were the following people.

a **naam:** Gail Boonstra
  beroep: computerprogrammeur
  talen: Nederlands (*Dutch*)
    en Engels
  woonplaats: Edam
  werk: bij een bedrijf
    (*with a company*)

b **naam:** Ad Visser
  beroep: manager
  talen: alleen (*only*)
    Nederlands
  woonplaats: Zutphen
  werk: bij/in een winkel
    (*in a shop*)

NB Note the different *preposition* **bij**. There are no clear rules as to when to use what preposition.

Language structures

If you want to address someone you use the pronoun **jij** (*you*) and use the verbs in the form as shown:

Jij bent Marco Cohen.
Jij bent tandarts.
Jij spreekt Engels and Russisch.
Jij woont in Leeuwarden.
Jij werkt thuis.

From all the texts so far, you can tell that you have to change the form of the verb depending on who or what you're speaking about. Many verbs change their form according to a rule. These are known as *regular* verbs. Look at the following chart.

helpen *to help*	
ik help	*I help*
jij helpt	*you help* (singular, informal)
u helpt	*you help* (singular, formal)
hij/zij/het helpt	*he/she/it helps*
wij helpen	*we help*
jullie helpen	*you help* (plural, informal)
u helpt	*you help* (plural, formal)
zij helpen	*they help*
[Note that **het** means *it*.]	

Activiteit 4

Write out a table for the verbs (a) **denken** (*to think*) and (b) **drinken** (*to drink*) following the pattern given for **helpen**.

Irregular verbs

Most verbs follow the same pattern. However, a few verbs do not follow any logical pattern, including **zijn** (*to be*) and **hebben** (*to have*):

zijn *to be*		
ik ben	*I am*	
jij bent	*you are*	(singular, informal)
u bent	*you are*	(singular, formal)
hij/zij/het is	*he/she/it is*	
wij zijn	*we are*	
jullie zijn	*you are*	(plural, informal)
u bent	*you are*	(plural, formal)
zij zijn	*they are*	

hebben *to have*		
ik heb	*I have*	
jij hebt	*you have*	(singular, informal)
u hebt	*you have*	(singular, formal)
hij/zij/het heeft	*he/she/it has*	
wij hebben	*we have*	
jullie hebben	*you have*	(plural, informal)
u hebt	*you have*	(plural, formal)
zij hebben	*they have*	

Plural

The grammatical term for talking about more than one person is *plural*. In Dutch the plural form of the verb is always the whole verb:

wij/jullie/zij wonen	*we/you/they are living/live*
wij/jullie/zij spreken	*we/you/they are speaking/speak*
wij/jullie/zij werken	*we/you/they are working/work*

Language use

Formal and informal

There are two ways of addressing someone directly in Dutch. You use **je** or **jij** when you know someone well and you are on a first-name basis. You use **u** to be more polite, or when you don't know someone. Children and young people are always addressed with **je** or **jij**. Another formal and polite way of addressing people is to use the titles **meneer** (Mr) and **mevrouw** (Mrs, Ms or Miss). However, there is an increasing trend to more informality and more and more people address other adults, even strangers, with **je** or **jij**.

▶ Activiteit 5

Here is a list of people you are going to speak to at a party. Go up to them and check who they are, using the correct form of address (e.g. **u** or **jij**). For example:

> **Meneer Verkerk: U bent meneer Verkerk?**
> **Jos Woudstra: Jij bent Jos Woudstra?**

a Mevrouw Schipper (een winkelbediende)
b Wim Den Uyl (een medestudent)
c Joop Tersteeg (een kind)
d Meneer Brink (een docent)

de winkelbediende	*shop assistant*
de medestudent	*fellow student*
het kind	*child*

▶ Dialoog

Read and listen to the following dialogue which takes place at the introduction session of a residential course. The participants recognize one another from the participant list.

Mia	Jij bent Mieke, hè?
Mieke	Ja, en jij bent Rianne?
Mia	Nee, ik ben Mia.
Mieke	O ja. Jij schildert toch?
Mia	Ja, ik ben kunstenares.

schilderen	*to paint*

Note that Mieke and Mia use the words **hè** and **toch** to indicate they aren't certain.

Talen *Languages*

Frans	*French*
Duits	*German*
Nederlands	*Dutch*
Italiaans	*Italian*
Spaans	*Spanish*
Engels	*English*
Russisch	*Russian*
Japans	*Japanese*

▶ Activiteit 6

You are meeting the people who work as volunteers for your agency and you want to check that the information on your files is correct. Check with Sara Bakker and Leona Beke, about whom you have already had information on page 3, that the information you have is correct. You can do this by asking them a question on the following pattern:

Jij bent tandarts, hè?	*You are a dentist, aren't you?*
U spreekt toch Spaans?	*You speak Spanish, don't you?*

Activiteit 7

a You are collecting data about people for your particular organization. Using the information given below, write down the appropriate information for your files. Example sentences could be:

Peter van Dam woont in Den Haag.
Meneer Verkerk en Jos Woudstra wonen in Haarlem.

Mevrouw Schipper, Amersfoort   Meneer Brink, Utrecht
Joop Tersteeg, Leeuwarden   Marco Cohen, Leeuwarden

b Next you want to file information about the languages people speak. Using the information about people already given in this unit plus the extra information given below, write down the appropriate sentences. For example:

Kees Spier spreekt Frans en Italiaans.
Klaas Kortemans, Karel Bos en Sara Bakker spreken
 Engels en Frans.

 Saskia de Boer, Engels en Duits
 Ruud Krol, Engels en Spaans
 Sietske Zwart, Engels en Russisch
 Marco Cohen, Engels en Russisch

▶ Beroepen *Jobs*

Note that in Dutch the female version of a profession occasionally has a different form:

man	vrouw	
docent	docente	*teacher*
winkelassistent	winkelassistente	*shop assistant*
tandarts	tandarts	*dentist*
zakenman	zakenvrouw	*businessperson*
manager	manager	*manager*
bankassistent	bankassistente	*bank assistant*
verkoper	verkoopster	*salesperson*
verpleger	verpleegster	*nurse*
student	studente	*student*
website-ontwerper	website-ontwerpster	*website designer*
administrateur	administratrice	*administrator*
architect	architect	*architect*
acteur	actrice	*actor (actress)*

▶ Activiteit 8 Wat doet hij/zij?
What does he/she do for a living?

Listen to the description on the recording (or read the following) and find the correct answers. For example:

Hij werkt op een school. *He works in a school.*
Antwoord (*answer*): **Hij is docent.**

a Hij werkt in een winkel.
b Hij trekt tanden. (*He pulls teeth.*)
c Zij gaat naar de universiteit. (*She goes to university.*)
d Zij schildert.
e Hij ontwerpt websites.
f Zij werkt op een bank.
g Hij ontwerpt huizen en gebouwen. (*He designs houses and buildings.*)
h Zij doet administratief werk. (*She does administrative work.*)
i Hij speelt in een film. (*He is in a film.*)

▶ Activiteit 9

Test your knowledge of the Netherlands and Flanders.

Listen to the statements on the recording (or read the following) and see if you know what these places on the map are particularly known for.

a The capital of the Netherlands.
b In this part of Belgium people speak Dutch.
c Tourists know this town particularly for its cheese market.
d Not the capital of the Netherlands, but the seat of the Dutch government.
e Not only the European capital, also the seat of the Belgian government.
f This ancient Roman town has strong modern European connections.
g Known for the famous landing of English and Canadian parachutists in 1944.
h The city where the famous 17th-century painter Frans Hals lived and worked.
i The sea which is a protected natural area.
j A thriving cultural city which is also one of the biggest ports in the world.
k This thriving old cultural centre south of the Netherlands also has a very big port.
l This is the centre of the Dutch TV industry.
m This city in the north has long been ignored by tourists and Dutch alike, but it's up and coming and you can't miss seeing its famous new museum.

02

waar woont u?
where do you live?

In this unit you will learn
- how to ask for information and directions
- how to greet someone and ask how they are
- how to ask and tell the time

▶ Dialoog 1

Two friends talk about an acquaintance from an evening class.

Merel   Waar woont Karel eigenlijk?
Janneke Hij woont in Haarlem.
Merel   En waar werkt-ie?
Janneke Hij werkt in Amsterdam.

Language structures

The word **eigenlijk** means *actually*. Merel uses it because otherwise she would sound a little abrupt in asking Janneke where Karel lives.

When speaking informally, people often say **ie** instead of **hij**, but you never do this at the start of a sentence.

▶ Dialoog 2

A patient wakes up in a hospital and asks:

Waar ben ik?   *Where am I?*
Je bent in het ziekenhuis!   *You're in hospital!*

Amy has met some people on holiday and asks:

Waar werken jullie?   *Where do you (plural) work?*
Wij werken in een kroeg.   *We work in a pub.*

Language structures

Asking an open question using a question word (e.g. *what, where, how,* etc.) is easy in Dutch. As in English, the question word (in this case: **waar**) comes first. This is followed by the verb (the action word), which is then followed by the subject (the person or thing the sentence is about), e.g.:

question word + verb + subject
Waar   **woont Karel?**   *Where does Karel live?*

When you make a simple statement instead of asking a question, the subject often comes before the verb and any other parts of the sentence come after the verb:

subject + verb + other information
Karel   **woont bij zijn vriend.**   *Karel lives with his friend.*

▶ But look now at these dialogues:

1

Jaap	Jij woont toch in de Wibautstraat?
Hans	Nee, in de Blasiusstraat. En waar woon jij?
Jaap	In de Houtstraat.

2

Jans	Jij werkt in Rotterdam, hè?
Ella	Nee, in Den Haag. En waar werk jij?
Jans	In Utrecht.

Language structures

Look at the verbs **wonen** and **werken**. The **t** drops off the end of the verb when asking a question (or when **je/jij** comes after the verb). This only happens with **je** and **jij**. In all other cases the verb form does not change. However:

> **Waar zit jij?** *Where do you sit?/Where are you?*
> **Waar eet jij?** *Where do you eat?/Where do you normally eat?*

Note that the spelling of **zitten** and **eten** changes. Look at the spelling rules.

Activiteit 1

Make up a dialogue along the following pattern, using the information given. Make sure you use the correct forms: **hij, zij, ik, jullie** or **jij**. For example:

Ask Mieke where Ellie lives	– **Mieke, waar woont Ellie eigenlijk?**
	– *Zij woont in de Turfstraat*
Ask Mieke where she works	– **Waar werk jij?**
	– *Ik werk in Den Haag.*

a Ask Frans where he lives (Leeuwarden).
b Ask Ellie where Frans and Mieke live (Rotterdam).
c Ask Mieke where Janneke lives (Den Bosch).
d Ask Ellie where she works (Haarlem).
e Ask Frans where Karel works (Amsterdam).
f Ask Dennis and Ria where they live (Groningen).

▶ Dialoog 3

At a family reunion Ellie meets her cousin Hester. They haven't met since they were children. They talk about themselves and about Frans, Hester's brother:

Ellie	Waar woon je eigenlijk?	*Where do you actually live?*
Hester	Ik woon in Leiden.	*I live in Leiden.*
Ellie	En waar woont Frans?	*And where does Frans live?*
Hester	Oh, Frans zit in het buitenland.	*Oh, Frans lives abroad.*
Ellie	Ooh, wat leuk! Wat doet hij daar?	*Gosh, how nice! What's he doing there?*
Hester	Hij werkt bij een bank in Londen.	*He works at a bank in London.*

zitten	(here) *to live*
in het buitenland	*abroad*
wat leuk	*that's nice/oh, how nice*

Language use

1 Note that the pattern with the word **wat** in Ellie's exclamation 'wat leuk' can be used to respond to all sorts of situations, e.g.:

Wat koud!	*Oh, it's so cold!*
Wat vervelend!	*What a nuisance!*
Wat interessant!	*That's interesting!*
Wat een mooie film!	*What a beautiful film!*
Wat knap!	*That's very clever!*

2 There are a few verbs in Dutch which, in addition to their literal meaning, can also mean *to be*. Two of these verbs are **staan** (lit: *to stand*) and **zitten** (lit: *to sit*). The latter can also mean *to live*.

NB Staan is somewhat irregular: **ik sta, jij staat, hij/zij staat.**

▶ Dialoog 4

Django is phoning his friend:

Django	Waar zit je?	*Where are you?*
Yannick	Bij Matthew.	*At Matthew's.*

Pam is using her mobile phone:

Pam	Waar ben je?	*Where are you?*
Neil	Ik sta in een file op de A2.	*I'm in a traffic jam on the*
	Waar zit jij?	*A2. Where are you?*
Pam	Ik zit in de trein.	*I'm on the train.*

To some degree you need to acquire a feeling for when to use **staan** or **zitten**, but you sound quite authentic when you use these verbs correctly, so it's worth the effort. It might help you if you think about the literal meaning of these verbs as 'standing' and 'sitting':

De suiker staat op tafel.
The sugar is on the table.

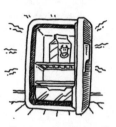

De melk staat in de koelkast.
The milk is in the fridge.

Ik sta in een telefooncel.
I'm in a phone box.

Ik zit in de gevangenis.
I'm in prison.

▶ Activiteit 2

Ask where the following are:

a Ask in a restaurant where the toilet is (**de w.c.**)
b Making coffee at a friend's house, ask where the coffee is (**de koffie**)
c Ask where Lieve lives (do *not* use the verb **wonen**)
d Looking for a child who is hiding, call out and ask where s/he is (do not use the verb *to be*)

▶ Activiteit 3

Your friend is bragging and generally asking for a lot of attention. You respond to all her statements appropriately. Various answers might be possible. For example:

Ik heb een nieuwe auto. *I've got a new car.*
Oh, wat leuk!

a Ik ben ziek.
b Ik ben morgen jarig.
c Ik spreek Russisch en Japans.

d Ik heb een schilderij van Picasso.
e Ik heb een huis in Frankrijk.

ziek	*ill*
ik ben jarig	*it's my birthday*
morgen	*tomorrow*
het schilderij	*painting*
het huis	*house*

▶ Giving directions

aan de linkerkant
aan je linkerhand
linksaf
links

aan de rechterkant
aan je rechterhand
rechtsaf
rechts

rechtdoor

Karin	Waar woont Naimal?	*Where does Naimal live?*
Saskia	In de laan van Osnabrück.	*In Osnabrück Lane.*
Karin	Waar is dat?	*Where is that?*
Saskia	Hier rechtdoor, dan links.	*Straight on, then left.*
Jaap	Dag mevrouw, ik zoek een supermarkt.	*Hello, I'm looking for a supermarket.*
Mevrouw Visser	Er is een Albert Heijn vlakbij. Je gaat hier linksaf, langs het postkantoor. Het is aan de rechterkant.	*There is an Albert Heijn close by. You go left here, past the post office. It is on your right-hand side.*
Jaap	Dank u.	*Thank you.*

In a restaurant.

Rita	Waar is de telefoon?	*Where is the telephone?*

| **Barman** | De trap op, aan je linkerhand. | *Up the stairs, on your left.* |
| **Rita** | Bedankt. | *Thanks.* |

NB Albert Heijn is a large chain of supermarkets.

Activiteit 4

Now practise asking for information about where something is, using the word **waar**, and giving simple directions.

Identify the signs for the following places and give answers about where they are. For example:

Waar is het internetcafé?
Het internetcafé is aan de rechterkant.

| a | b | c | d |
| het ziekenhuis | het zwembad | het station | het internetcafé |

| e | f |
| het postkantoor | het wisselkantoor |

linkerkant: **a** het ziekenhuis; **b** het zwembad; **c** het station
rechterkant: **d** het internetcafé; **e** het postkantoor; **f** het wisselkantoor

Other question words

So far, we have looked at questions asking for information about *where* **waar** something is. You can use the same pattern with other question words, such as **wat** and **hoe**.

▶ Wat *What*

Henny praat met Martine in een bar. *Henny is talking to Martine in a bar.*

Henny	Wat doe jij?
Martine	Ik ben docente. En jij? Wat doe jij?
Henny	Ik ben verpleegster.

Meneer Schmidt ontmoet (*meets*) Jaap Muller.

Meneer Schmidt	Wat doe jij?
Jaap	Ik ben informatiespecialist. Wat doet u?
Meneer Schmidt	Ik ben directeur van een middelgroot bedrijf.

Wat doe jij?	*What do you do?*
de informatiespecialist	*information specialist*
een middelgroot bedrijf	*a medium-sized company/ enterprise*
doen	*to do*

▶ Activiteit 5

Ask the following people what they do and give their reply. Use the correct form of address, either **u** or **jij**.

a mevrouw Kooiman	verpleegster
b Wim	advocaat (*lawyer*)
c Dirk	docent
d meneer Spaans	dokter
e Jannie	redacteur (*editor*)

▶ Activiteit 6

Look at the following conversation about who will bring what to a picnic party.

Katy	Jij brengt toch een pizza?
Emma	Nee, een quiche. Wat breng jij?
Katy	Een appeltaart.

een appeltaart	*an apple pie*
brengen	*to bring/take*

Now complete the dialogues in the same pattern as the previous examples.

a Hanny	Jij drinkt toch wijn?
Marja	Nee, bier._____?
b Peter	Jij zoekt toch het station?
Helen	Nee, het postkantoor. _____?

c **Annie**   Jij maakt toch de soep?
   Raymond   Nee, het slaatje. _____?
d **Meneer Vogel**   U schrijft toch kinderboeken?
   Mevrouw de Loo   Nee, romans. Wat _____ u?

het bier	*beer*
de wijn	*wine*
maken	*to make*
de soep	*soup*
het slaatje	*salad*
kinderboeken	*children's books*
roman	*novel*

▶ Hoe *How*

On her first day at school, Ines meets her school teacher for the first time.

Juf Rosie Dag. Hoe heet jij?
Ines   Ik heet Ines. Hoe heet jij?
Juf Rosie Ik heet juf Rosie.

heten	*to be called*

ℹ️ At many primary schools in the Netherlands children address their teachers with **je** or **jij** and call them by their first name preceded by **juf** in the case of female teachers, and by **meester** in the case of male teachers. Even the head of school is addressed in this manner. In Belgium, the relationship between teachers and children tends to be more formal.

▶ Hans meets his friend Jack in the snackbar:

Jack Hoi Hans. Hoe gaat het?
Hans 't Gaat, 't gaat.

Nathalie belt haar zus Liddie:

Nathalie Alles goed?
Liddie   Ja, 't gaat wel.

Two women meet in a local shop:

Mevrouw Droog Goedemiddag, mevrouw Pruim.
Mevrouw Pruim Hoe gaat het met u?
Mevrouw Droog 't Gaat uitstekend. Dank u wel.

goedemiddag	*good afternoon*

▶ Language use

Hoe gaat het? is a common way of asking after someone's well-being. **Alles goed?** is more informal and used by people who know one another relatively well. To greet someone with **goedemorgen/middag** is quite formal. People will frequently say simply **dag**, or even more informally (particularly young people) **hoi**.

goedemorgen	*good morning*
goedemiddag	*good afternoon*
goedenavond	*good evening*
hoi	*hello*
dag	*hello*

The expression for asking how someone is (**hoe gaat het?**) needs to be learnt because it is completely different from the English. There are different ways of answering this question:

(Het gaat) uitstekend   (Het gaat) goed, prima   (Ach, het) gaat wel 't gaat, 't gaat   (Het gaat) niet zo goed 't kan beter

i In a relatively formal situation you are more likely to answer positively to the question **hoe gaat 't?**, although, on the whole, Dutch people tend to be quite straightforward and direct and will not hesitate to respond with a negative answer.

In a formal situation it is polite to thank someone for the query after your well-being with **dank u** *thank you*. The expressions **'t gaat wel** and **'t gaat, 't gaat** both mean *I'm OK-ish*, but the latter expression is more informal.

Activiteit 7

Give the appropriate greeting for the following people when you meet them in the street.

Ask how they are and provide the answer as well. There are various possibilities, but use the pictures as a guide. Think about the level of formality you are likely to use.

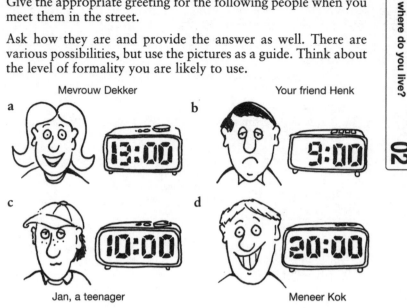

Mevrouw Dekker

Your friend Henk

a

b

c

d

Jan, a teenager

Meneer Kok

▶ Nummers *Numbers 1–20*

0	nul	6	zes	12	twaalf	18	achttien
1	één	7	zeven	13	dertien	19	negentien
2	twee	8	acht	14	veertien	20	twintig
3	drie	9	negen	15	vijftien		
4	vier	10	tien	16	zestien		
5	vijf	11	elf	17	zeventien		

▶ Activiteit 8

Listen to the three phone numbers given on the recording and write them down.

Activiteit 9

Cover up the numbers in the table above and read the following numbers out loud in Dutch: 7, 4, 12, 5, 19, 2, 8, 10, 20, 17

▶ Activiteit 10

Answer these questions using the patterns in the following examples. For example:

> **Wat is uw huisnummer?** (8) (*What is your house number?*)
> – **Acht.**
> **Wat is je telefoonnummer?** (564367) (*What is your telephone number?*)
> – **Vijf zes vier drie zes zeven.**
> **Wat is je PINnummer?** (17 14) (*What is your PIN number?*)
> – **Één zeven één vier.**

uw	*your (formal)*
je	*your (informal)*
PINnummer	*personal identification number*

a Wat is uw huisnummer? (17)
b Wat is je telefoonnummer? (987621)
c Wat is je PINnummer? (11 19)

Activiteit 11

Do the following sums and write them down in words.

+ plus	– min	× keer	= is

For example: **3 + 2 = drie plus twee is vijf**

a 2 + 11 =   **e** 17 – 9 =
b 20 – 8 =   **f** 7 + 6 =
c 4 × 4 =   **g** 18 – 4 =
d 3 × 5 =   **h** 6 – 6 =

▶ The time

Ad	Mevrouw, hoe laat is het?
Mevrouw Nagel	Het is tien uur.
Ad	Dank u wel.

Now you tell the time using these clocks:

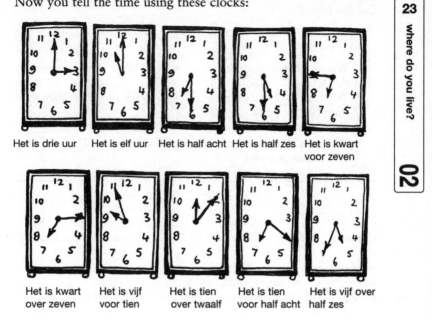

Het is drie uur   Het is elf uur   Het is half acht   Het is half zes   Het is kwart
voor zeven

Het is kwart   Het is vijf   Het is tien   Het is tien   Het is vijf over
over zeven   voor tien   over twaalf   voor half acht   half zes

▶ Activiteit 12

Make a dialogue for each of these clocks, asking the time and
giving the time. If you have the recording, do this exercise while
you listen. For example:

Hoe laat is het? *Het is half drie.*

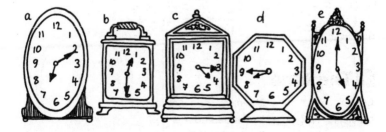

▶ Dialoog 5

In the office of the institute where her yoga class is held, Heleen enquires what time the lesson starts.

Heleen	Hoe laat begint de les?	*At what time does the lesson start?*
Secretaresse	De les begint om half acht.	*The lesson starts at 7.30.*
Heleen	Hoe laat is de pauze?	*At what time is the break?*
Secretaresse	Om half negen.	*At half past eight.*

Activiteit 13

Answer these questions. For example:

Hoe laat begint de les? *(De les begint) om half drie.*

| Hoe laat ontbijt jij? | Hoe laat vertrekt de trein? | Hoe laat komt Paula? |

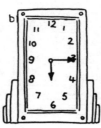

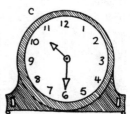

Hoe laat begint het concert? Hoe laat eet jij? Hoe laat kom jij?

ontbijten	*to have breakfast*
eten	*to eat*
vertrekken	*to leave*
de trein	*train*
komen	*to come*
beginnen	*to begin*

Gaan, doen, komen *To go, to do, to come*

Most verbs follow the pattern given for **helpen,** seen in Unit 1. Some verbs are a little trickier. These are known as irregular verbs. Here is how you write **komen, doen** and **gaan:**

ik ga	ik doe	ik kom
jij gaat	jij doet	jij komt
u gaat	u doet	u komt
hij/zij/het gaat	hij/zij/het doet	hij/zij/het komt
wij gaan	wij doen	wij komen
jullie gaan	jullie doen	jullie komen
u gaat	u doet	u komt
zij gaan	zij doen	zij komen

Activiteit 14

Complete the sentences that follow using the correct form of the verb in brackets.

Example:

Ramal ____ veel werk voor zijn vader. (doen)
Ramal doet veel werk voor zijn vader.

a Ik ____ naar huis. (gaan)
b Wij ____ morgen bij jou op bezoek. (komen)
c U ____ toch naar Frankrijk op vakantie? (gaan)
d Wat ____ jij hier? (doen)
e Wat ____ u voor werk? (doen)
f Ik ____ morgen terug. (komen)

veel werk	*lots of work*
zijn vader	*his father*
huis	*home*
op bezoek komen	*to visit*
op vakantie	*on holiday*
Frankrijk	*France*
hier	*here*

▶ Activiteit 15 Het feest *The party*

Now you can practise some of the things you have learnt in this unit by making up a dialogue for two people who are planning to go to a party. Then make up dialogues for the same people who are at the party meeting new people and talking about themselves. If you have the recording, you can do this exercise as a roleplay.

a Two colleagues, Paula and Roel, are talking about the party they are going to that evening:

Paula *(Ask where the party is)*
Roel In de Sumatrastraat, nummer 28.
Paula *(Ask what time the party starts)*
Roel Om 8.30.
Paula *(Ask what he will bring)*
Roel Een pizza en een fles wijn.

een fles wijn	*a bottle of wine*

b Later that evening at the party Paula meets a girl. Act out the roleplay as if you were Paula:

You	*(Ask what her name is)*
Mieke	Ik heet Mieke. En jij?
You	*(Say your name is Paula and ask where she lives)*
Mieke	Ik woon in de Breestraat. En jij?
You	*(Say you live in the Weststraat and ask what she does for a living)*
Mieke	Ik ben secretarese. Wat doe jij?
You	*(Say that you are a teacher and ask where she works)*
Mieke	Ik werk in de Kortestraat. En jij?
You	*(Say you work in the Keizerstraat. Ask her what she is drinking)*
Mieke	Ik drink wijn.

c Paula wants to introduce Mieke to Roel. Tell Roel her name, what she does and where she lives and works. Check Unit 1 to remind yourself how you introduce someone.

Activiteit 16

Create two (or more) dialogues between two acquaintances who happen to meet at a reception. They haven't seen one another for some time. One of your dialogues should be between a younger and an older person, so you need to think about how they address one another. Your second dialogue should be between two younger people.

Use the following points to help you in creating this conversation.

- Greet one another
- Ask how s/he is
- Ask what s/he is actually doing (One way of doing this is by showing you seem to remember his/her profession, e.g.: **Jij bent toch advocaat?**)
- Ask after their relatives or acquaintances (by name) you have in common
- You might want to respond that s/he/they are abroad
- You can follow this up by further questions, such as where they live, or what they are doing there

NB The key will give an example of a dialogue like this, but try as many variations as you can think of, using the patterns you have learnt so far. If you know someone who speaks Dutch, you can have a real dialogue talking about your own situation.

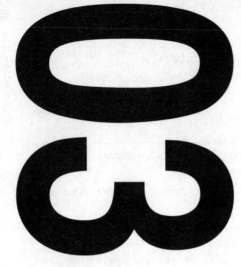

03 in de supermarkt
in the supermarket

In this unit you will learn
- how to go shopping
- how to ask prices
- how to name several kinds of food

▶ Dialoog 1

Josie is buying cheese.

Josie	Hoeveel kost de brie?
Winkelbediende	6 euro per kilo.
Josie	250 gram brie dan graag.
Winkelbediende	Alstublieft.
Josie	Dank u wel.

hoeveel	*how much/how many*
kosten	*to cost*
per	*per*
graag	*please*
alstublieft (informal: **alsjeblieft**)	*please*
de winkelbediende	*shop assistant*

het fruit *fruit*

de appel	de druif	de peer	de perzik	de tomaat
de appels	de druiven	de peren	de perzikken	de tomaten

de kaas *cheese*

jonge kaas
belegen kaas
oude kaas

het brood *bread*

bruin brood   wit brood   het bolletje/puntje

het beleg *things to have on your bread*

de boter	de ham	de pindakaas	de hagelslag

om te drinken *to drink*

de sinaasappelsap
de jus d'orange

spa blauw
spa rood

de wijn
de rode/witte wijn

de volle melk
de halfvolle melk
de magere melk

ⓘ Bier *Beer*

One of the most popular alcoholic drinks in the Netherlands and Belgium is **bier**, also known as **pils** (*lager*). As you probably know, there are lots of different varieties of Dutch and Belgian beer, including various types of **witbier** *white beer*. When ordering you can ask for **een bier/pils** or **een biertje/pilsje** (literally, *a small beer*). Beer comes in **een glas** *a glass*, **een flesje** *a bottle*, and, for consumers of large quantities, in **een krat** *a crate*.

Brood *Bread*

The most common way of starting the day in the Netherlands is with **een boterham** *a slice of bread*, plus **boter** *butter* and **kaas** *cheese*. Cheese can be **jong** *young*, **belegen** *mature* or **oud** *extra mature*. Another popular thing to put on your **boterham** in the Low Countries is **hagelslag**, a kind of hundreds and thousands, which is usually made of high-quality chocolate (dark, milk or white), but which also comes in various other flavours.

Activiteit 1 Boodschappen doen
Do the (grocery) shopping

Look at the items just illustrated, choose five items you like and practise asking how much each item costs. For example:

Hoeveel kost een wit brood?

▶ More numbers

20	twintig	70	zeventig
21	eenentwintig	80	tachtig
22	tweeëntwintig	90	negentig
23	drieëntwintig	100	honderd
24	vierentwintig	200	tweehonderd
25	vijfentwintig	300	driehonderd
26	zesentwintig		
27	zevenentwintig	128	honderd achtentwintig
28	achtentwintig	282	tweehonderd
29	negenentwintig		tweeëntachtig
30	dertig	465	vierhonderd vijfenzestig
40	veertig	746	zevenhonderd
50	vijftig		zesenveertig
60	zestig	1000	duizend

Note that a **trema** (two little dots above a letter) is used for numbers such as **tweeëntwintig, drieënzestig**, etc. This is to avoid reading the 'e's as one long sound; 22 should be pronounced as **twee-en-twintig** and 63 as **drie-en-zestig**. Practise these numbers and learn them by heart. You will need to spend some time on this.

Activiteit 2

Wijnand is taking stock in the supermarket. He is making a list of how many items there are left. Read the list out loud. For example:

25 potten pindakaas
Er zijn nog vijfentwintig potten pindakaas.
There are (still) 25 jars of peanut butter.

a 32 croissants
b 175 flessen witte wijn
c 239 flessen rode wijn
d 64 pakken melk *cartons of milk*
e 95 kuipjes boter *tubs of butter*

f 78 tubes tandpasta *tubes of toothpaste*
g 116 plastic tasjes *plastic bags*
h 22 kratten pils *crates of beer*

Geld *Money*

As in many European countries, the Dutch currency is the euro. Paper money in all the euro countries is the same. There are **eurobiljetten** *euro notes* of 5, 10, 20, 50, 100, 200 and 500 euros.

The coins differ slightly according to the country. On the Belgian **euromunten** *euro coins* you will find a portrait of **koning Albert II** *King Albert II*, and on the Dutch ones a portrait of **koningin Beatrix** *Queen Beatrix*. There are coins of 1, 2, 5, 10, 20, 50 **eurocent** and 1 and 2 euros.

Activiteit 3

Ask how much the following cost and provide the answers for example:

Hoeveel kost deflos rode wijn?
De fles rode wijn kost 4 euros 25..

Hoeveel? *How much/how many?*

Hoeveel? can be used to ask about both quantity (*how much?*)
and number (*how many?*). For example:

Hoeveel flessen wijn heb je?   *How many bottles of wine*
                                have you got?
Hoeveel sinaasappels heb je?   *How many oranges have you got?*
Hoeveel pasta eet hij?   *How much pasta does he eat?*

▶ Activiteit 4 Hoeveel heb je nodig?
How much/many do you need?

Your partner has written a shopping list and you are checking
the items together. Ask him how much is needed of each of the
items listed. For example:

Hoeveel flessen wijn heb je nodig?
Ik heb 3 flessen nodig.

Hoeveel tomaten heb je nodig?
Ik heb 1 kilo tomaten nodig.

a sinaasappels (5)
b pakken melk (2)
c flessen bier (12)
d bloemkolen (1)
e appels (1 kilo)
f pakken rijst (4)
g bonen (2 kilo)
h druiven (1 pond)

het pak rijst	*packet of rice*
de bonen	*beans*
de druiven	*grapes*
de bloemkool	*cauliflower*

Language structures

When you say you need something in Dutch what you literally
say is *I have apples necessary* – **Ik heb appels nodig.**

Note that in the question **hoeveel flessen wijn heb je nodig?** the
word **je** was used instead of **jij**. The only difference between these
forms is that **jij** must be used in situations where *you* is stressed.

Whereas in English you would normally change the tone of your voice in these situations, in Dutch you change the unstressed form **je** to the stressed form **jij**. **Je** is the unstressed version of *you*. However, generally you can use either **je** or **jij** if *you* is not emphasized in the sentence. Some of the other pronouns (person words) also have an unstressed version. Look at the following:

Stressed	*Unstressed*
ik	–
jij	je (informal)
u	– (formal)
hij	ie (spoken language only)
zij	ze
het	't
wij	we
jullie	–
u	– (formal)
zij	ze

De, het *The*

You may have noticed that names of things (nouns) are often preceded by the words **de** or **het**, e.g. **de appel, het beroep, het fruit**. These are the Dutch words for *the*. About two-thirds of the words use **de** for *the* and the remaining third of words use **het**. It is generally impossible, unfortunately, to tell from looking at a word whether it is a **de** or **het** word. You will just have to learn these words by heart.

More than one

There are two ways of saying that there are more than one: by adding -**en** or -**s**. The rules for when to add -**en** and when to add -**s** can be quite tricky to learn, so you may prefer simply learning the plural for each word individually as you come across it. However, here are the rules anyway, so you know what we're talking about:

add -**s** when the word has at least two syllables and ends with -**el, -en, -em, -er, -je**

add -**'s** when the word ends with -**a, -i, -o, -u, -y**

add -**en** to all other nouns

add -s or -'s		add -en	
de tafel *table*	de tafels	**het boek** *book*	de boeken
de kamer *room*	de kamers	**het ding** *thing*	de dingen
het meisje *girl*	de meisjes	**de stoel** *chair*	de stoelen
de foto *photo*	de foto's	**de fiets** *bicycle*	de fietsen
de auto *car*	de auto's	**de man** *man*	de mannen
de hobby *hobby*	de hobby's	**de maan** *moon*	de manen
de taxi *taxi*	de taxi's		
de euro *euro*	de euro's		

NB All plurals use **de** for *the*.

Activiteit 5

Try making plurals for these words:

appel, vrouw, disco, fles, programma, computer, gracht (*canal*)

▶ Dialoog 2

Welke wil je? *Which do you want?*

Jasper	Welke soep wil je?
Ine	*De tomatensoep.*
Jasper	En welke wijn wil je?
Ine	*Beaujolais, graag.*
Jasper	Welke kaas wil je?
Ine	*De jonge kaas.*
Jasper	Welk fruit wil je?
Ine	*Een sinaasappel.*

tomatensoep	*tomato soup*
de kaas	*cheese*
sinaasappel	*orange*

NB You will see that the question word **welk/welke** has two forms. How do you know when to use which? The answer is that **welke** is used with **de** words, including plurals, and **welk** is used with **het** words. For example:

de wijn → welke wijn?

het fruit → welk fruit?

de appels (plural) → welke appels?

Activiteit 6

Ask your partner which one he/she wants.

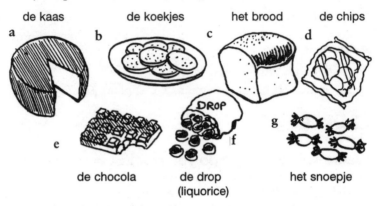

de kaas   de koekjes   het brood   de chips

a   b   c   d

e   f   g

de chocola   de drop   het snoepje
            (liquorice)

The Dutch use the word **chips** for crisps and **patat** for chips.

▶ Dialoog 3

de bakker	Wie is er aan de beurt?
Karin	Ik. Een broodje met ham en kaas, alstublieft.
de bakker	Wit of bruin?
Karin	Bruin brood, graag.
de bakker	Anders nog iets?
Karin	Een puntje met brie.
de bakker	Alstublieft. Dat was het?
Karin	Ja, dat was het.
de bakker	Dat is dan 4,50 euro bij elkaar.
Karin	Alstublieft.
de bakker	Dank u wel.
Karin	Dag.
de bakker	Tot ziens, mevrouw.

wie is er aan de beurt?	*who is next?*
een broodje met ham en kaas	*a cheese and ham sandwich*
wit/bruin	*white/brown (bread)*
een puntje	*a crusty roll*
anders nog iets?	*anything else?*
dat was het?	*was that all?*
dat is dan ... bij elkaar	*that will be ... altogether, then*
tot ziens	*goodbye*

Activiteit 7 Het boodschappenlijstje
The shopping list

You're going to the supermarket. Make up a **boodschappenlijstje** of as many things as you would normally buy in real life. Use this book as a guide, but you might also want to try and use a dictionary. Once you have your own **boodschappenlijstje** use it to say what you need or want to buy, using the following structures:

Ik heb ... nodig	*I need ...*
Ik wil ...	*I want ...*

Try and be as specific as possible about how much you need. Here are some weights and measures:

een gram *gram*	**een ons** *an ounce (100 grams)*
een kilo *a kilo*	**een pond** *a pound (500 grams)*
een liter *a litre*	

In Dutch, you never use a plural for these weights and measures, so *20 kilos* is **20 kilo** and *3 litres* is **3 liter**.

Some examples:

Ik heb 2 kilo appels nodig.	*I need 2 kilos of apples.*
Ik wil een liter halfvolle melk.	*I want a litre of semi-skimmed milk.*
Ik heb een pot pindakaas, een kuipje boter en een zakje drop nodig.	*I need a jar of peanut butter, a tub of butter and a small bag of liquorice.*

🛈 Bij de kassa *At the checkout*

Going to the supermarket in Holland is pretty much the same as anywhere else. However, you may find things a little different at the checkout. First, you will see a little machine in front of you which is used for **pinnen** *to pay with your pin(code)*. Customers with a Dutch bank card can use this machine to pay by swiping through their card, typing in their pincode and then approving the transaction by pressing a green button. Getting money out of an ATM is also often called **pinnen**. In the supermarket, you may also be asked whether you would like **airmiles**, which can be collected at most major supermarkets (and lots of other shops).

In order to promote recycling of glass, you will have to pay **statiegeld** for some drinks in glass bottles. This is an extra charge on top of the price of the product which you will get back on returning the bottle to the supermarket (the same goes for other shops). The price of the crate of beer in Activity 3, for instance, will include some **4 euro statiegeld**.

04

zij houdt van moderne kleren

she likes modern clothes

In this unit you will learn
- how to talk about your family
- how to talk about likes and dislikes in relation to clothes and food
- how to say that something is yours or someone else's

▶ Tekst

Tania praat over foto's van haar familie. *Tania talks about pictures of her family.*

Dit is mijn huis en mijn familie.
Mijn moeder leest de krant.
Mijn vader werkt in de tuin.

Wij zijn hier op vakantie.
Wij hebben twee tenten.
Mijn ouders slapen in hun tent.
Mijn zus en ik slapen in onze
tent.

Dit zijn oom Barend en tante
Miep.
Oom Barend is de broer van mijn
moeder.
Oom Barend en tante Miep
hebben altijd ruzie.

de familie	*family*
de moeder	*mother*
de vader	*father*
het huis	*house*
de tuin	*garden*
de zus	*sister*
slapen	*to sleep*
lezen	*to read*
de krant	*newspaper*
op vakantie	*on holiday*
slapen	*to sleep*
hebben altijd ruzie	*are always arguing*

Here are the words that you use to indicate that something is yours or someone else's.

mijn	*mine*
jouw	*your* (singular informal)
uw	*your* (singular formal)
zijn	*his*
haar	*her*
ons/onze	*our*
jullie	*your* (plural informal)
uw	*your* (plural formal)
hun	*their*

Activiteit 1

Fill in the correct word: **haar, zijn, hun**. Use the pictures to guide you.

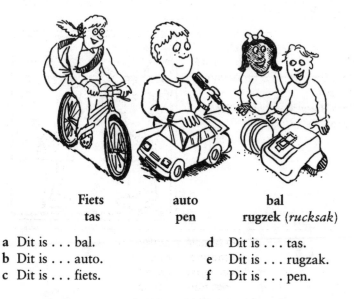

Fiets	**auto**	**bal**
tas	**pen**	**rugzek** (*rucksak*)

a Dit is . . . bal.

b Dit is . . . auto.

c Dit is . . . fiets.

d Dit is . . . tas.

e Dit is . . . rugzak.

f Dit is . . . pen.

Activiteit 2

You are organizing a board game and you hand out the items and tell people what to do. Look at the words underneath the pictures on on the next page, and complete the sentences with **jouw** or **jullie** depending on what is needed.

a Dit is . . . plaats.
b Dit zijn . . . instructies.
c Dit zijn . . . huizen.

d Dit is . . . geld.
e Dit is . . . sleutel.
f Dit zijn . . . kaarten.

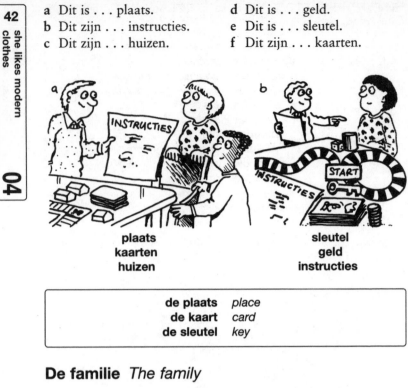

plaats
kaarten
huizen

sleutel
geld
instructies

de plaats	*place*
de kaart	*card*
de sleutel	*key*

De familie *The family*

opa en oma

oom Jan en tante Wil   vader en moeder   oom Arend en tante Nel

(zus)

(broer)

IK   mijn man

(zoon)   (dochter)

de opa	grandfather
de oma	grandmother
de vader	father
de moeder	mother
de ouder	parent
het kind	child
de tante	aunt
de oom	uncle
de broer	brother
de zus	sister
de zoon	son
de dochter	daughter
de man	husband (also man)
de vrouw	wife (also woman)
mijn man	my husband
mijn vrouw	my wife

The word **gezin** also means family, but it refers to a small family unit of parent(s) and children. You will also need to know the following words:

| de jongen | boy |
| het meisje | girl |

Activiteit 3

Look at the family tree opposite as if it showed your family. You are in the centre. Make up sentences about your family using the following words and with the verb **zijn** *to be*. Make sure you use the correct form of the verb. Make as many sentences as you can. In the key at the back of the book you will find example sentences. You will be able to make many sentences. It is therefore important that you check carefully the correct use of the verb and the word **mijn**.

You can use words to describe your relatives. For example: **Mijn opa en oma zijn actief.**

groot	big
klein	small
lief	sweet, nice
mooi	beautiful, pretty
vervelend	horrible
aardig	nice

Or you could use various professions. Check for these in the previous units. For example:

Mijn oom is politieagent.

Een *a, an*

You have seen that the word **een** means *one*, but it is also used in Dutch to mean *a/an*. Instead of saying **de tuin** *the garden*, **het huis** *the house*, we can also say **een tuin, een huis** (*a garden, a house*). You will see that the word **een** is used for both **de** and **het** words. In the plural, you say **tuinen** (*gardens*), **huizen** (*houses*) and you don't use **een**.

Activiteit 4

Use the family tree again and complete the sentences that follow about the relationships within the family.

Each sentence should be made up from the point of view of the family member in brackets. For example:

    Opa is . . . man (oma) → **opa is haar man**

a oom Jan is . . . zoon. (opa)
b oom Jan is . . . broer. (vader)
c oma is . . . moeder. (tante Nel)
d vader is . . . zoon. (oma)
e moeder is . . . vrouw. (vader)
f tante Nel is . . . dochter. (oma)

▶ Mensen *People*

Tekst

Dit is mijn vriendin, Heleen.
Zij draagt altijd nieuwe kleren.
Zij houdt van moderne kleren.
Zij draagt: lange zwarte laarzen,
een korte rode rok en een strakke
blouse.

Dit is mijn vriend Henk-Jan.
Hij draagt vaak een pak voor zijn werk
met een overhemd en een stropdas.
Hij heeft een mobieltje en hij draagt
een attachékoffertje.

Dit is mijn broer Job.
Hij oefent vaak op zijn skateboard.
Hij draagt meestal sportieve kleren:
een T-shirt en een korte broek.
Soms heeft hij een petje op.
Hij heeft ook vaak een rugzak.

altijd	*always*
vaak	*often*
meestal	*mostly, usually*
nieuw	*new*
dragen	*to wear*
houden van	*to like*
lang	*long*
kort	*short*
sportief	*casual*
strak	*tight*
soms	*sometimes*
het mobieltje	*mobile phone*
het attachékoffertje	*attaché case*
het petje	*cap*
de rugzak	*rucksack*

Kleren *Clothes*

de rok	*skirt*	**de laars** (plural	
de blouse	*blouse*	**laarzen)**	*boot*
het overhemd	*shirt*	**de schoen**	*shoe*
de broek	*trousers*	**het pak**	*suit*
de jas	*coat, jacket*	**het T-shirt**	*t-shirt*
de spijkerbroek	*jeans*	**de trui**	*sweater*
de stropdas	*tie*	**de jurk**	*dress*
het colbert	*jacket*	**de panty**	(pair of)
de bril	*glasses*		*tights*
		de hoed	*hat*

Kleuren *Colours*

rood	*red*	**geel**	*yellow*
blauw	*blue*	**groen**	*green*
oranje	*orange*	**paars**	*purple*
bruin	*brown*	**grijs**	*grey*
wit	*white*	**zwart**	*black*

Descriptive words

You may have noticed that descriptive words (adjectives) such as **oud, nieuw, kort, strak,** etc. sometimes have an **-e** at the end and sometimes they don't. Look at these sentences:

de jas is **oud**	de **zwarte** broek
zijn mobieltje is **nieuw**	de **mooie** skateboard

het blauwe overhemd	*the blue shirt*
een zwarte rugzak	*a black rucksack*
zijn bruine auto	*his brown car*

no -e when the descriptive word comes after the thing it describes
add -e if the description comes before the thing it describes

There is a snag, though. The **-e** is left out in the following examples:

een **dun** T-shirt	*a thin t-shirt*
een **blauw** pak	*a blue suit*

When the descriptive word refers to a **het** word (**het T-shirt, het pak**) but is used with **een**, not **het**, you drop the **-e**. But note:

dunne T-shirts, **blauwe** pakken.

Naturally when you use several words to describe something or someone, all these words follow the same pattern, for instance:

Mijn kleren zijn **oud** en **vies**.
Ik draag oude en vieze kleren. (Note that the spelling of **vies** changes: see **Grammar summary**, page 171)
Mijn broer draagt nooit een **net, grijs** pak.

vies	*dirty*
nooit	*never*

Activiteit 5

Describe what you and your friend are going to wear tomorrow. For example:

Ik draag mijn witte T-shirt, mijn blauwe spijkerbroek, etc.

Use the following table to help you.

	wit	blauw	rood	geel
a mijn	T-shirt	spijkerbroek	jas	petje
b een	rok	T-shirt	trui	bril
c een	broek	colbert	overhemd	hoed

Start sentences **a** and **b** with **ik** and sentence **c** with **hij**.

▶ Dialoog

Josje   Ik hou van moderne kleren, en jij?
Greetje   Ik hou van nette kleren.

Ik hou van is a way of saying what you like. The full verb is **houden van,** so when you talk about someone else you can say, for example: **zij houdt van klassieke muziek.**

NB The **ik** form of the verb **houden van** is usually written as **ik hou van** (**ik houd van** is considered too formal).

What do you and the members of your family like?

Ik hou van	witte wijn.
Mijn vriend houdt van	rode paprika (*peppers*).
Mijn man houdt van	zwarte kleren.
Georgia houdt van	zwemmen (*swimming*).
Dannie houdt van	lezen (*reading*).
Mijn tante houdt van	fietsen (*cycling*).

Activiteit 6

Make a list of your own and your relatives' or friends' likes as far as food and drink are concerned. For example:

> **Ik hou van bier.**
> **Mijn zus houdt van appels.**

Activiteit 7

Now make a list of your own and your relatives' or friends' likes as far as activities are concerned. For example:

> **Ik hou van fietsen.**
> **Mijn vriend John houdt van skateboarden** (*skateboarding*).

Activiteit 8

Complete the sentences and use the information between brackets. You do not have to use **de** or **het**. They are given here to help you in using the adjectives correctly. For example:

> **Mijn broer Jan houdt van (het bier, koud).**
> **Mijn broer Jan houdt van** *koud* **bier.**

a Ik hou van (de wijn, wit).
b Jij houdt van (de wijn, rood) hè?
c Jantien . . . . . . (de kleren, zwart).
d Mijn ouders . . . . . . (de huizen, groot).
e Mijn kinderen . . . . . . (de voetbalshirts, oranje).
f Mandy . . . . . . (de kinderen, klein).

---

het kind (plural: **kinderen**)	*child*
het voetbalshirt	*football shirt*

▶ Activiteit 9 Luisteroefening *Listening exercise*

a Listen to the people describing their holiday pictures. Which of the following relatives are in the pictures they talk about? Tick the ones that are mentioned in each case. You can find the full text of this exercise in the key.

  i   vader, moeder, opa, oma, zoon, dochter, zus, broer, oom, tante, vriend, vriendin

  ii vader, moeder, opa, oma, zoon, dochter, zus, broer, oom, tante, vriend, vriendin

 iii vader, moeder, opa, oma, zoon, dochter, zus, broer, oom, tante, vriend, vriendin

  iv vader, moeder, opa, oma, zoon, dochter, zus, broer, oom, tante, vriend, vriendin

NB Vriend means *male friend* and **vriendin** means *female friend*.

Listen to all the fragments again and indicate what these people were wearing, if it was mentioned, by filling in the columns.

Persoon	Kleren
i oma	een grote hoed
ii	
iii	
iv	

Activiteit 10

Describe the following pictures and give as much information as you can about the people in them.

Say what they are wearing, what they like to drink and anything else that you could say about them. You need to make use of the various words and patterns you have learnt in this and previous units. For example:

Jasmijn houdt van wijn.   Jaap houdt van …
Zij draagt …   …
Zij heeft …   …
etc.

a   b

Activiteit 11

Describe what you are wearing at the moment.

Write the sentences down, then describe what two other people in your environment are wearing. For example:

Ik draag een grijs T-shirt en een korte broek.
Mijn vriendin draagt een strakke blouse en een spijkerbroek.

▶ Activiteit 12 **Luisteroefening** *Listening exercise*

Listen to the recording of several people talking or gossiping about others who aren't present. The people who aren't present are given in the following chart. Write what is being said about these people in the box next to their name (in English).

Name	What's being said about them
Jolanda	
Willem-Alexander	
Frédérique	
Jos	

chagrijnig	*moody*	**ik weet het niet**	*I don't know*
erg	*very*	**te laat**	*(too) late*
inderdaad	*indeed / that's true*	**alleen**	*only*
		echt?	*really?*
knap	*handsome*	**nogal**	*quite*

Language use

In the listening exercise, you will hear **goh** and **zeg**. Both are used to emphasize what is being said in a statement. **Goh** is used at the beginning of sentences and is often followed by the structure **wat + description** by way of exclamation:

| **Goh, wat ben jij slim!** | *My/gee, you're smart!* |
| **Goh, wat mooi!** | *My/gee, that's really beautiful!* |

Zeg is only used at the end of sentences in this capacity:

| **Wat een lekkere soep, zeg!** | *This soup is really wonderful!* (more literally: *such a nice soup*) |
| **Wat mooi, zeg!** | *That's really beautiful!* |

05

geeft u mij maar een pilsje

a lager for me, please

In this unit you will learn
- how to order food and drink

▶ Dialoog 1

In het café *In the café* (1)

Ober	Zegt u het maar.
Merel	Ik wil graag een kopje koffie.
Ober	En u, mevrouw?
Tine	Een glas rode wijn, graag.

zeggen	*to say* (here: *can I help you?*)
ik wil graag een kopje koffie	*I would like a cup of coffee*
een glas rode wijn, graag	*a glass of red wine, please*

een kopje thee	*a cup of tea*
met melk	*with milk*
met suiker	*with sugar*
zonder melk	*without milk*
zonder suiker	*without sugar*
een glas sap	*a glass of juice*
appelsap	*apple juice*
sinaasappelsap	*orange juice*
druivensap	*grape juice*

ananassap	*pineapple juice*
een glas fris	*a cold drink*
cassis	*sparkling blackcurrant juice*
coca cola	*Coca-Cola*
sinas	*sparkling orange*
limonade	*cordial*

de bliklimonade	*can of soft drink*
jenever	*gin*
whisky	*whisky*
de borrel	*strong drink*

NB Tea in the Netherlands and Flanders will always be served without milk. You will need to ask specifically for milk if you want it.

Activiteit 1

Practise ordering a drink in a café. Use the two phrases you have
learnt so far for ordering. For example:

Order a coffee:
Ik wil graag een kopje koffie.
Een kopje koffie, graag.

a order a glass of orange juice
b order a glass of cordial
c order a strong drink (use the general term)
d ask for a cold drink (use the general term)
e ask for a sparkling blackcurrant drink
f ask for a tea with milk and sugar
g ask for a coffee with milk and without sugar
h ask for a pineapple juice

▶ Dialoog 2

In het café *In the café* (2)

Ober	Wilt u iets bestellen?
Berend	Geeft u mij maar een pilsje.
Annie	Mag ik een jus d'orange?
Ober	Wilt u ook iets eten?
Annie	Ja, wat neem jij?
Berend	Ik wil graag een uitsmijter.
Annie	Ja voor mij ook.
Ober	Een pilsje, een jus d'orange en twee uitsmijters. En de kinderen?
Annie	Geeft u hun maar patat.

iets bestellen	to order something
geeft u mij maar ...	..., please (literally: give me ..., please)
mag ik een ...?	may I have ...?
het pilsje	lager
jus d'orange	orange juice (sometimes the French word is used rather than the Dutch 'sinaasappelsap')
iets	something
eten	to eat
nemen	to take
de uitsmijter	a dish with fried eggs, bread and a salad (this is fairly traditional café fare)
geeft u hun maar ...	give them ...

▶ Dialoog 3

In het café *In the café* (3)

Barkeeper   Hoi.
Chantal   Hoi. Heb je een lekker drankje voor me?
Barkeeper   Jazeker. Zeg 't maar. Cocktail? Wijntje? Pilsje?
Chantal   Doe maar een wodka.

een lekker drankje	a nice drink
voor me	for me
jazeker	certainly
zeg het maar	what will it be?
doe maar een ...	oh, give me a ...

Activiteit 2

Compare the two dialogues on pages 54 and 55.

Answer the following questions in English.

a Which one is more formal, do you think?
b Can you think of a few ways in which the language makes one dialogue more formal than the other?

Activiteit 3

Order each of the following, using a variety of expressions. For example:

> **Geeft u mij maar een jus d'orange.**
> **Mag ik een jus d'orange?**
> **Doe maar een jus d'orange.**
> **Een jus d'orange, graag.**

a	a glass of white wine	f	a piece of apple pie (**het**
b	a cup of tea		**stuk** means *the piece*)
c	an uitsmijter	g	a salad
d	a gin	h	a pizza
e	a grape juice		

Activiteit 4

Use the following table to order the food and drinks using an appropriate style.

Order something in a formal and polite way	Order something in an informal manner
a een fles witte wijn	**b** spa rood
c vruchtensap	**d** bruin bolletje met geitenkaas en tijm
e aspergesoep	**f** een tonijnsalade
g de vegetarische schotel	**h** de dagschotel

vruchtensap	*fruit juice*
geitenkaas en tijm	*goat's cheese and thyme*
de schotel	*dish/meal*

▶ Dialoog 4

In een snackbar

In a snackbar:

Remi Twee patatjes met, alsjeblieft.
Ton Anders nog iets?
Remi Twee kroketten en een frikadel, graag.

anders nog iets?	*anything else?*
kroket	*a meat ragout encased in a crispy fried crust*
frikadel	*long thin sausage*

i Junkfood in Holland is provided in abundance in **snackbars** (in Flanders **het frietkot**) selling a whole range of fried food, even vegetarian options. Chips or fries (in the Netherlands called **patat** and in Belgium **friet**) usually come with a great variety of sauces (**sauzen**). The most common one is **mayonaise** and if you ask for **patat met** (*fries with*) it is understood you want mayonnaise with your chips. Any other sauce, e.g. **satésaus** (*satay sauce*) needs to be specifically asked for, but there are various set combinations of sauces, some with fanciful names such as **patatje oorlog**, the latter word meaning *war*. A popular choice is **patatje speciaal**, a combination of mayonnaise, tomato ketchup and onions.

In the Netherlands, you can also find some places where you can get your junkfood 'out of a wall', frequently at train stations and in large shopping centres. Portions are kept warm in rows of little glass-fronted compartments which open when you insert money.

Alstublieft, alsjeblieft *You're welcome*

These words literally mean *if you please*, and are frequently used in ordering, where it has the same meaning as the word **graag**, which you have already encountered. In the Netherlands and in Belgium people also say **alstublieft/alsjeblieft** when giving something. This is a very common practice, whether you are giving a present, are passing round papers in a business meeting, or are handing over money at the checkout in the supermarket. **Alstublieft** is more polite than **alsjeblieft** because it uses the pronoun **u**. You use it in situations where you would address someone with **u** rather than **je/jij**.

Activiteit 5

This is a description of Tine and Merel (see the first **dialoog** in this unit):

> **Tine en Merel zitten in een restaurant. Zij hebben dorst. Zij bestellen iets te drinken. Merel wil een kopje koffie en Tine neemt een glas rode wijn.**

zitten	*to sit*
zij hebben dorst	*they are thirsty*
te drinken	*to drink*

Write a similar account of the story of Berend, Annie and the children in a restaurant and Chantal in the café. Use the verbs **nemen, willen** and **bestellen,** but not the verb **geven.** There will thus be several possible variations, but in the key you will find an example. Think about the correct form of the verb.

You might want to give your sentences a little more meaning by adding some other verbs, e.g. **houden van.** You might also want to make your sentences sound more authentic by adding words as **maar,** to show contrast, or **ook** to show similarities. For example: **Merel wil koffie, maar Tine neemt wijn.** *Merel wants coffee, but Tine is having wine.*

zij hebben honger	*they are hungry*

Language structures

You have now learnt to perform several functions in Dutch. You can use various phrases for ordering in a restaurant, you can shop, you can introduce yourself and ask for specific information from others and you can say something about yourself and your family.

In addition you have started to manipulate the language itself. You can form simple sentences and you have learnt to talk about things which are yours or other people's (*possessives*) and you have learnt to add extra information to words to describe them (*adjectives*).

In this unit you have been introduced to a new pattern:

> **Geeft u mij maar een pilsje.**
> **Geeft u hun maar patat.**

There are actually two new patterns within these sentences.

The first is that there is a change in word order: **geeft u mij** ... instead of **u geeft**. This sentence is not a statement as such, but in fact gives a command of what you *should* give to me. However, this phrase in combination with the word **maar** performs the function of ordering in a restaurant. You will learn more about this pattern in Unit 10.

The second new pattern you have learned in this unit is where you are introduced to new words to refer to people. As you know, the words **ik, jij, hij** etc. are used to refer to the people the sentence is about, the *subjects*. People or things who don't actually do something in the sentence are called *objects*. As in English we use different words (*object pronouns*) to refer to them: **mij, jou, hem** etc. (*me, you, him*).

So we may have:

Zij kust hem. *She kisses him.*

She is doing the action (**kust**) and he is at the receiving end of it. So he is the *object* and therefore we refer to him as **hem**.

Here is a list of these object pronouns:

mij	*me*	ons	*us*
jou	*you*	jullie	*you*
u	*you*	u	*you*
hem	*him*	hen/hun/ze	*them*
haar	*her*		

Frequently, these words are combined with *prepositions* (words such as *to, from, with, on* etc.). For example:

Ik werk samen *met* hem aan een project. *I work together with him on a project.*

Activiteit 6

Complete the sentences and substitute the words in brackets by one of the words in the list:

a Herman werkt met ... (Tania).
b Geef ... (ik) maar een stukje appeltaart.
c Jaap helpt ... (Jan en Luuk).
d Kees woont met ... (wij) samen (samen = *together*).
e Is dit van ... (jij)?
f Ik kus ... (mijn man).

▶ Activiteit 7

Fill in the gaps.

The following conversation between two girls was overheard on a bus.

Claire is verliefd op Jack.

Echt? Maar hij is niet verliefd op … Hij is volgens … (me) gek op Anita.

Maar Anita gaat toch met Bart?

Nee hoor. Bart is gek op Maarten. En Maarten ook op …

Echt?

Ja, ik zag … samen zoenen.

verliefd zijn op	*to be in love with, to fancy*
niet	*not*
volgens …	*according to …*
echt?	*really?*
gek zijn op	*to fancy*
gaan met …	*to go out with …*
zag	*saw*
zoenen	*to kiss*

06

ga je vaak naar de bioscoop?
do you go to the cinema a lot?

In this unit you will learn
- how to ask *yes* and *no* questions
- how to answer them
- how to say what country you are from
- how to fill in a form

▶ Dialoog 1

During a job interview:

Meneer Vriesekoop	Woont u hier in de buurt?
Francesca	Ja, ik woon hier in de buurt.

Between friends:

Anna	Kom je morgen?
Dienke	Nee, ik kom morgen **niet**.

Leaving a restaurant:

Ober	Is dit uw jas?
Mevrouw Boon	Nee, dat is mijn jas **niet**.

At home:

Edith	Heb jij de autosleutels? (*car keys*)
Arend	Nee, ik heb de autosleutels **niet**.

Language structures

Let us look first at the questions. You will notice that the word order changes when you ask a yes/no question. As in questions with a question word, the verb now comes before the person or thing that the sentence is about. Look carefully at the sentences **Kom je morgen?** and **Heb jij de autosleutels?** Remember that when you ask a question using **jij**, you need to drop the **-t** (unless it is part of the verb, e.g. **eten: jij eet** → **eet jij?**).

Answering a yes/no question with a yes is straightforward. You just make a simple statement and do not have to change the word order. When you want to respond to a question in the negative, you need to add **niet** (*not*) to the sentence.

In the earlier examples, **niet** came at the end of the sentence. This is often the case, although **niet** is a tricky word and there are various places that **niet** can go in the sentence depending on the sentence structure.

Look at these examples:

Regina	Woon jij ook in Amsterdam?
Harry	Nee, ik woon **niet in** Amsterdam.
Ineke	Werk jij in Leeuwarden?
Frieda	Nee, ik werk **niet in** Leeuwarden.

Larry	Hou je van tomaten?
Hans	Nee, ik hou **niet van** tomaten.

Hanna	Ben je hier op vakantie?
Anke	Nee, ik ben hier **niet op** vakantie.

In these examples **niet** comes before words which tell us about the way or direction something is done, where it is, etc. These words, such as **met**, **in** and **op**, are called *prepositions*.

Now look at these examples:

Ans	Zijn jouw schoenen nieuw?
Katy	Nee, mijn schoenen zijn **niet nieuw**.

Desiree	Werkt de radio goed? (*Is the radio working well?*)
Lex	Nee, de radio werkt **niet goed**.

Niet also comes before descriptive words like **nieuw** and **goed** (or adjectives and adverbs, to get a little technical).

▶ Activiteit 1

You're going on holiday with a friend. There's a lot that still needs to be organized. Your friend is checking to see what you are doing, but because you are busy with work, you can't really do anything. Give negative answers and tell him/her that you're too busy (**Ik heb het te druk**). For example: **Bel jij het hotel?**, Answer: **Nee, ik bel het hotel niet. Ik heb het te druk.**

a Boek jij de tickets?
b Bestel jij de taxi? (bestellen *to order*)
c Organiseer jij de excursies? (*to organize the excursions*)
d Pak jij de koffers? (*to pack the suitcases*)
e Koop jij de malariapillen? (*malaria pills/tablets*)
f Wissel jij het geld? (*to change the money*)

▶ Activiteit 2

Answer the following questions from your own perspective. Answer with a whole sentence. In the key you will find both the positive and negative answer.

a Hou je van moderne kleren?
b Houdt u van grote tuinen?
c Werk je in Groningen?
d Woont u in Amersfoort?

e Zijn je schoenen oud?
f Drink je graag thee zonder melk? (**NB graag** is an adverb here)
g Bent u de nieuwe manager?
h Zijn de bananen duur? (**NB duur** is an adjective here)
i Gaat u naar uw werk?
j Is dit je jas?

Language structures

Look at the following dialogues:

| **Richard** | Lees je een boek? |
| **Karin** | Nee ik lees **geen** boek. |

| **Nico** | Eet je kaas? |
| **Lena** | Nee, ik eet **geen** kaas. |

| **Marianne** | Heb je appels? |
| **Ine** | Nee, ik heb **geen** appels. |

Geen means *no/not any*. In Dutch, you don't say *I do not have a book*, you say *I have no book*. But:

Ik heb een boek	→	Ik heb **geen** boek
Ik heb het boek	→	Ik heb het boek **niet**
Ik heb mijn boek	→	Ik heb mijn boek **niet**

Geen is used when you say you have no book at all. **Niet** is used to say you don't have a particular book (when you're not talking about a specific book).

▶ Activiteit 3

Practise answering with **geen** by completing the following mini-dialogues.

If you have the recording, do this exercise while you listen. Answer all these questions in the negative:

a Drink je melk?
b Koop je appels?
c Eet je chocola?
d Spreek je Frans?
e Heb je kinderen?
f Neem je een uitsmijter?
g Wil je een slaatje?
h Breng jij een pizza?

▶ Activiteit 4 *A job interview*

Unfortunately, things are not going as planned and you're having to give negative answers to all the following questions.

a Hebt u een auto?
b Woont u in de buurt?
c Hebt u ervaring? (*experience*)
d Hebt u diploma's?
e Werkt u graag?
f Bent u punctueel? (*punctual*)

Activiteit 5

Now practise checking information you have about people on a list by asking yes/no questions. Formulate your questions according to patterns you know. For example:

> **Bent u meneer Plantinga?**
> **Woon jij in Herenveen?**
> **Is jouw adres Turfstraat 24?**

a Meneer Plantinga
   woonplaats: Harderwijk
   beroep: politieagent
   adres: Pijlslaan 15
   postcode: 2586 AL
   telefoonnummer: 4326781

b Kaatje Lijbers
   woonplaats: Herenveen
   beroep: verpleegster
   adres: Seringenlaan 18
   postcode: 1864 KN
   telefoonnummer: 567392

▶ Dialoog 2

Kim has just met Remi in a bar and now they are exchanging more information about themselves:

Kim Werk je of studeer je?
Remi Allebei. Ik studeer bouwkunde, maar in het weekend werk ik in een restaurant.
Kim Werk je daar al lang?
Remi Sinds vorig jaar.

of	or
allebei	both
daar	there
al lang	for a long time
sinds	since
vorig jaar	last year
bouwkunde	architecture

As in English you can connect short sentences by using words
like en (*and*), maar (*but*) and of (*or*).

Activiteit 6

Read the last dialogue several times.

Continue the dialogue. As Remi gives his last answer he asks
Kim for information about himself. He also wants to know
whether Kim works or studies. Can you think of a way that
Remi can change the topic of conversation from himself to Kim?
Use the following information to develop your dialogue:

Kim says he works. He is a teacher at a school in Amsterdam
and has worked there for two years. (Note that the preposition
to use for *at a school* is **op**).

Activiteit 7

You are conducting a survey of people's leisure activities.

You want to know whether they do certain things. Ask about
the activities listed. For example:

tv kijken (*to watch tv*) **Kijkt u tv?**

Write out the questions based on these activities.

a naar de radio luisteren (*to listen to the radio*)
b naar restaurants gaan
c naar feesten gaan (*to go to parties*)
d wijn drinken
e Frans spreken
f pizza's eten
g spijkerbroeken dragen

Activiteit 8

Write out the same list of questions, but now put them to young people. Remember, you will have to change the form of address.

Activiteit 9 Using the negative

Looking at the following example, answer the first three questions (a, b, c) from the previous exercise in the negative:

naar de bioscoop (*the cinema*) **gaan**

Ga je naar de bioscoop?
Nee, ik ga niet naar de bioscoop.

a naar de radio luisteren
b naar restaurants gaan
c naar feesten gaan

And now answer the last four (d, e, f, g) following this example:

Leest u boeken?
Nee, ik lees geen boeken.

d wijn drinken
e Frans spreken
f pizza's eten
g spijkerbroeken dragen

Words of frequency

Look at the following sentences:

Ik ontbijt meestal om zeven uur.
Ik ga vaak om half elf naar bed.
Ik werk altijd hard.
Ik kijk soms tv.

Activiteit 10

You are still working on your survey.

This time you want to know how regularly people do these activities. Use the information in the chart to write out mini-dialogues with questions and answers. For example:

Gaat u vaak vroeg naar bed?
Ik ga altijd vroeg naar bed.

	Vroeg naar bed gaan	Lezen	In een restaurant eten	Nieuwe kleren kopen
altijd	X			
vaak				X
meestal				
soms		X	X	

	Vroeg naar uw werk gaan	In de tuin werken
altijd		
vaak		X
meestal	X	
soms		

vroeg   *early*

▶ Landen en nationaliteiten *Countries and nationalities*

Nederland	*the Netherlands*	Nederlands	*Dutch*
België	*Belgium*	Belgisch	*Belgian*
Vlaanderen	*Flanders*	Vlaams	*Flemish*
Engeland	*England*	Engels	*English*
Groot-Brittannië	*Great Britain*	Brits	*British*
Schotland	*Scotland*	Schots	*Scottish*
Frankrijk	*France*	Frans	*French*
Duitsland	*Germany*	Duits	*German*
Italië	*Italy*	Italiaans	*Italian*
Spanje	*Spain*	Spaans	*Spanish*
Amerika	*America*	Amerikaans	*American*
Ierland	*Ireland*	Iers	*Irish*
China	*China*	Chinees	*Chinese*
Europa	*Europe*	Europees	*European*

Sometimes when referring to your nationality you use different words, depending on whether you are male or female. An example is: **ik ben Engelsman** *I am English* (male) or **ik ben Engelse** *I am English* (female). However, people often use the

words given in the list. For instance: **ik ben Engels,** *I am English.*
When in front of an object, idea or person, you may need to add
an -e. Check page 47 for these rules. Look at these examples:

Belgische chocola	**Franse kaas**
Nederlandse tulpen	**Brits rundvlees**

▶ Activiteit 11 Uit welk land kom je?
Where are you from?

You're at a Dutch course in the Netherlands. All students are
asked what nationality they are. Give their answers. For example:

meneer Callenbach (Dutch) → Ik ben Nederlands.

a Jean Roach (American)
b Françoise Le Lerre (French)
c Tony Jackson (Irish)
d mevrouw Wong (Chinese)
e Mary Brander (Scottish)
f Annette Braun (German)

Activiteit 12 Uit welk land? *From where?*

Fill in the gap, using the descriptive words in column three of
the list on page 68 (the word in brackets is a guide). For
example:

**Ik hou van ... humor (Engeland) → Ik hou van Engelse
humor.** (*I like English humour*)

a Jack houdt van ... kaas (Nederland).
b Cynthia koopt meestal ... chips (Amerika).
c Ik hou van ... whisky (Schotland).
d Ik eet vaak ... brood (Duitsland). (NB *het* brood)
e Mijn man draagt vaak ... kleren (Italië).
f Wij drinken meestal ... wijn (Spanje).
g Tony luistert vaak naar ... muziek (Ierland).
h Chris kijkt meestal naar ... tv programma's (Groot Brittannië).

het programma	*programme* (**NB** Used here in plural, hence **de programma's**)

▶ Dialoog 3

Bij de receptie op een camping
At the campsite reception desk

Dennis	Ik wil graag een huisje voor twee personen.
Receptioniste	Voor hoelang?
Dennis	Voor twee nachten.
Receptioniste	Ik heb een trekkershut, met toilet, maar zonder douche.
Dennis	Dat is goed. Hoe duur is het?
Receptioniste	30 euro's per nacht.
Dennis	Prima.
Receptioniste	Wat is uw naam?
Dennis	Dennis Johnson.
Receptioniste	Waar komt u vandaan?
Dennis	Ik ben Engels. Ik kom uit Engeland.
Receptioniste	U spreekt goed Nederlands.
Dennis	Dank u.
Receptioniste	Heeft u een adres in Nederland?
Dennis	Ja. Burgweg 35, Papendrecht.
Receptioniste	En een telefoonnummer?
Dennis	Ik heb een mobiel nummer: 00 44 7953 774326.

voor	*for*
de persoon	*person*
de douche	*shower*
hoelang?	*how long?*
de nacht	*night*
duur	*expensive*
waar komt u vandaan?	*where do you come from?*
het adres	*address*
het telefoonnummer	*phone number*
camping	*campsite/ground*
het huisje	*cabin, cottage*
de trekkershut	*cabin/hiker's hut*
mobiel	*mobile*

Questions

Answer the following questions about the camping dialogue.

a Voor hoelang wil Dennis het huisje?
b Hoe duur is het huisje?
c Waar komt Dennis vandaan?
d Wat is het adres van Dennis in Nederland?
e Wat is het telefoonnummer van Dennis?

i De camping *Camping*

Going camping, **kamperen**, is very popular in the Low Countries.
Lots of families spend their holidays at home or abroad on **een
camping** *a campsite*. People stay in **een tent** or **een caravan**, but at
some campsites you can also rent **huisjes** *cottages* or **trekkershutten** *cabins*. These have less in the way of luxury but are still very
popular, particularly with people on cycling holidays – very popular in
the Low Countries – and have the advantage of being cheaper.
Campsites are, on the whole, geared more towards individual choice
and offer fewer organized activities than in some other countries.

▶ Activiteit 13

Listen to the recording and see if you can fill in the form:

Naam	
Beroep	
Nationaliteit	
Woonplaats	
Postcode	
Telefoonnummer	

Activiteit 14

Now fill in the form with your own details.

07

wat ga je doen?

what are you going to do?

In this unit you will learn
- how to talk about your interests
- how to talk about the week ahead
- how to say what you have to do
- how to say what you want to do
- how to say what you are going to do

▶ Dialoog 1

Anke asks her friend Richard about the football match tomorrow.

Anke	Ga je morgen naar het voetbal kijken?
Richard	Nee, ik moet morgen werken.
Anke	Maar Ajax speelt tegen Manchester United!
Richard	Ik vind voetbal niet interessant.

morgen	*tomorrow*
het voetbal	*football*
moeten	*to have to* (must)
spelen	*to play*
tegen	*against*
interessant	*interesting*

Activiteiten *Activities*

zwemmen	*to swim*
sporten	*to play sport*
schaatsen	*to skate*
een email aan je vriend sturen	*to send an email to your friend*
de school opbellen	*to phone the school*
in een restaurant eten	*to eat in a restaurant*
boodschappen doen	*to do shopping*
dansen	*to dance*
je huis schilderen	*to paint your house*
je vriend emailen	*to email your friend*
schoonmaken	*to clean*

Note that instead of **jouw vriend** or **jouw huis** you can use **je vriend** or **je huis**. **Je** is unstressed. With **jouw** you stress the fact that it's *your* friend and *your* house, and not someone else's.

Activiteit 1 Wat ga je morgen doen? *What are you going to do tomorrow?*

You're talking to your friend, Marijke. She's asking you what you are going to do tomorrow. Answer her by using the activities provided.

Wat ga je morgen doen? (dancing) → **Ik ga morgen dansen.**

a phone the school   **c** swimming
b skating   **d** eat in a restaurant

Activiteit 2

Now ask Marijke what she has to do tomorrow and give her answers. Use **moeten**. For example: to work

Moet je morgen werken?
Ja, ik moet morgen werken.

a to do the shopping   **c** to send an email to her friend
b to paint her house   **d** to clean

▶ Dialoog 2

Ellie   Ga je morgen schaatsen?
Heleen   Nee, ik ga morgen niet schaatsen.
Ellie   Ga je morgen zwemmen?
Heleen   Nee, ik ga morgen niet zwemmen.

As you have seen, the position of **niet** in the sentence varies. Notice where it comes in these two examples. However, note also the following examples:

Ellie   Ga je morgen in een restaurant eten?
Heleen   Nee, ik ga morgen **niet** in een restaurant eten.
Ellie   Ga je morgen boodschappen doen?
Heleen   Nee, ik ga morgen **geen** boodschappen doen.

Activiteit 3 Wat doe je morgen?
What are you doing tomorrow?

Using the same pattern as in the previous example, make up your own mini-dialogue by asking your friend, Marijke, whether she is going to do the following activities tomorrow. Answer her, saying that she is not, and give an alternative activity, using the **niet** pattern. For example, ask Marijke whether she is going to dance tomorrow:

You   Ga je morgen dansen?
Marijke   Nee, ik ga morgen niet dansen, maar ik ga mijn vriend emailen.

a ask whether she is going to phone the school tomorrow
b ask whether she is going to skate tomorrow
c ask whether she is going to swim tomorrow
d ask whether she is going to cycle tomorrow (**fietsen**)
e ask her whether she is going to eat in a restaurant tomorrow

▶ Tijd *Time*

vanochtend	*this morning*
vanmiddag	*this afternoon*
vanavond	*this evening*
morgen	*tomorrow*
overmorgen	*the day after tomorrow*
volgende week	*next week*
volgende maand	*next month*
volgend jaar	*next year*
dagen van de week	*days of the week*
maandag	*Monday*
dinsdag	*Tuesday*
woensdag	*Wednesday*
donderdag	*Thursday*
vrijdag	*Friday*
zaterdag	*Saturday*
zondag	*Sunday*

Activiteit 4 Jeroen's diary

Look at Jeroen's diary. For each day, say what he's going to/has to do. For example: **Maandag gaat hij zwemmen**

MAANDAG	DONDERDAG	
zwemmen	*Janine bellen*	
DINSDAG	**VRIJDAG**	
boodschappen doen	*dansen*	
WOENSDAG	**ZATERDAG**	**ZONDAG**
schoonmaken	*voetballen*	*Mam/pap bezoeken*

mam/pap bezoeken	*visit mum/dad*

▶ Activiteit 5 What are you doing this evening?

Ask Frans whether he is going to eat in a Chinese restaurant this evening. For example:

Ga je vanavond in een Chinees restaurant eten?

a Ask Frans whether he is going to go dancing the day after tomorrow.
b Ask him if he is going to play sports (**sporten**) this evening.
c Ask him if he is going to work next week.
d Ask him if he is going to go shopping this afternoon.
e Ask him if he is going to paint his house next year.

If you are lucky enough to know a native speaker who is prepared to help you with vocabulary, you could ask him or her to help you to extend the list of activities to fit in with your own situation. You can then write out an activity plan for yourself, whether based on work or on leisure interests, using the following pattern:

Ik ga vanavond televisie kijken.
Ik ga volgend jaar een nieuwe baan zoeken. (*look for a new job*)

Language structures

In this unit you have been using a new word pattern. Can you detect what was different?

The difference is that you have been using two verbs in the same sentence. The first one, the main verb, is where you expect it to be, either at the start of the sentence in a question or as the second item in other sentences. The form of this verb changes depending on who or what the sentence is about. For example, if the question **Ga je morgen naar het voetbal kijken?** were changed into whether Frans were going to watch football, it would be: **Gaat Frans morgen naar het voetbal kijken?**

The second verb in these sentences comes right at the end. This verb at the end does not change its form and is called the *infinitive*. There doesn't always have to be a second verb in the sentence. For instance, you could have asked:

Ga je morgen naar het Stedelijk?
(musem of modern/contemporary art in Amsterdam)

de universiteit? (*the university*)
de kroeg? (*bar/café*)
de bioscoop? (*the cinema*)
de schouwburg? (*the theatre*)
het concert?
de stad? (*town, to go shopping or to go out*)
je werk? (*work, literally: your work*)

No second verb is needed here. Practise these questions.

In our first dialogue, Richard replied that he wasn't interested in football. Which other phrase could he have used? He could have said:

Ik hou niet van voetbal.

You can also use the phrase **ik ben (niet) geïnteresseerd in …**:

Ik ben niet geïnteresseerd in voetbal.	*I'm not interested in football.*

▶ Activiteit 6

Say that you are not interested in the following:

a moderne kunst (*modern art*) d sport
b politiek (*politics*) e popmuziek (*pop music*)
c science fiction

▶ Activiteit 7

Say that you are interested in the following:

a klassieke muziek (*classical music*)
b Nederlandse literatuur (*Dutch literature*)
c autotechniek (*car engineering*)
d toneel (*drama*)

Activiteit 8 Nuances

Now look at all the various interests in Exercises 6 and 7 again and give a more nuanced view of what you think of them by including the following phrases:

ik ben vreselijk geïnteresseerd in …	*I'm terribly/very interested in …*
vooral	*I'm especially interested in …*
nogal	*I'm quite interested in …*

minder	*I'm less interested in ...*
niet echt	*I'm not really interested in ...*
helemaal niet	*I'm not at all interested in ...*

▶ Activiteit 9 Make up roleplays

Use the patterns given in the first dialogue in this unit. The third reply is given. Think about the correct register to use.

a

You	*(Ask Mr de Bruin whether he is going to the cinema tomorrow)*
Meneer de Bruin	*(Say that you have to go swimming tomorrow)*
You	Maar er draait een goede griezelfilm *(horror film)*.
Meneer de Bruin	*(Say that you're not interested in horror films)*

b

You	*(Ask Silvia if she is going to the concert tonight)*
Silvia	*(Say that you have to email a friend)*
You	Maar **U2** speelt!
Silvia	*(Say that you're not interested in pop music)*

Activiteit 10

Fill in the gaps.

a Welke dag is het vandaag? Vandaag is het ...
b Welke dag is het morgen? Morgen is het ...
c De dagen in het weekend zijn ...
d De dag na woensdag is ... (**na** means *after*)
e De dag voor woensdag is ... (**voor** means *before*)
f De dag na zondag is ...
g De dag voor zaterdag is ...

▶ Dialoog 3

De afspraak *The appointment*

Annemieke   Wat zullen we morgen doen?

Josje	Zullen we naar de nieuwe tentoonstelling in het Stedelijk gaan?
Annemieke	Ja leuk. O nee, ik kan morgen niet.
Josje	Vrijdag dan?
Annemieke	Ja, vrijdag is oké.
Josje	Hoe laat zullen we afspreken?
Annemieke	Om half elf bij de ingang?
Josje	Goed. Tot morgen dan.

zullen	*shall*
de tentoonstelling	*exhibition*
ik kan ... niet	*I can't ...*
afspreken	*to make an appointment*
hoe laat zullen we afspreken	*what time shall we say?*
de ingang	*entrance*
tot morgen	*see you tomorrow*
dan	*then*

First read the dialogue out loud and check you are thoroughly familiar with the vocabulary and the meaning.

Activiteit 11

Read the dialogue again, but this time substitute certain words.

Ask what you and your partner should do on Saturday. Your partner suggests going to a Chinese restaurant. You are keen, but you can't make it on Saturday, but you can on Sunday. Arrange to meet at 2.15 at the entrance.

Read this new dialogue out loud and then write it down. You can check the answers in the key.

Language structures

You may have noticed that the pattern of two verbs in a sentence is fairly common. However, you can combine only a few verbs with an infinitive (the full verb at the end). The most common ones are the modal verbs: **zullen** (*shall*), **mogen** (*may*), **moeten** (*must*), **kunnen** (*can*) and **willen** (*want*). These verbs are irregular, so you have to learn the various forms.

zullen	mogen	moeten	kunnen	willen
ik zal	ik mag	ik moet	ik kan	ik wil
jij zal	jij mag	jij moet	jij kan	jij wil
u zal	u mag	u moet	u kan	u wil
hij/zij zal	hij/zij mag	hij/zij moet	hij/zij kan	hij/zij wil
het zal	het mag	het moet	het kan	het wil
wij zullen	wij mogen	wij moeten	wij kunnen	wij willen
jullie zullen	jullie mogen	jullie moeten	jullie kunnen	jullie willen
u zal	u mag	u moet	u kan	u wilt
zij zullen	zij mogen	zij moeten	zij kunnen	zij willen

Agenda
Diary

7 maandagavond: met Tine naar de bioscoop gaan

8 dinsdagmorgen: een appeltaart maken

9 woensdagochtend: mijn huiswerk maken

10 donderdag

11 vrijdagmiddag: het artikel over moderne kunst lezen

12 zaterdag

13 zondag

de ochtend/de morgen	*morning*
de middag	*afternoon*
de avond	*evening*
het huiswerk	*homework*
het artikel	(reading) *article*

The words for morning, afternoon and evening are placed after the names of the weekdays to indicate specifically which part of the day you are talking about. For example:

donderdagmiddag
vrijdagavond
dinsdagochtend or **dinsdagmorgen**

Note that there is no difference between **ochtend** or **morgen**. Both mean *morning*.

Language structures

Wat ga je donderdagmiddag doen?

Donderdagmiddag ga ik mevrouw Kooistra met haar taallessen helpen.

(Thursday afternoon I am going to help Mrs Kooistra with her language lessons.)
Or:
Ik ga **donderdagmiddag** mevrouw Kooistra met haar taallessen helpen.

Note that when you make a statement, you can begin the sentence with a word other than the subject. Often expressions of time, e.g. **morgen** or **zaterdag**, occupy this place in the sentence. However, when this happens, the verb remains in second position and then the subject comes straight after the verb. In a question, however, where the sentence begins either with a question word or with the verb, you cannot put expressions of time in front of them.

Activiteit 12

Make up a dialogue.

Using the previous example make a dialogue for each of the entries in the diary on page 80, opposite.

Activiteit 13 Jan's diary

zaterdagmiddag :
nieuwe
voetbalschoenen
kopen

zondagochtend :
voetballen

a Ask Jan what he is going to do on the days listed in his diary and also provide his response. Say it out loud first and then write it down. Make sure you alter the form of the main verb as necessary.

b Marjan is asking you about Jan's activities. She wants to know what he is going to do on Saturday afternoon and Sunday morning. Make a mini-dialogue with her questions and your answers.

Activiteit 14

Entries in the diary of Kees and Maria:

vrijdagavond:
maria's
verjaardag
vieren

zaterdagochtend:
langs de
dijk fietsen

a Ask them what they are going to do on these days and provide the answers.

b Piet is asking you what Kees and Maria are doing on Friday evening and Saturday morning. Make a mini-dialogue with his questions and your answers.

Maria's verjaardag vieren	*celebrate Maria's birthday*
langs de dijk fietsen	*cycle along the dyke*

Activiteit 15

Look at this list of activities:

mijn haar wassen	*to wash my hair*
in de tuin werken	*to work in the garden*
les 6 herhalen	*to revise lesson 6*
eten koken	*to cook dinner* (literally: to cook food)
mijn zoon met zijn huiswerk helpen	*to help my son with his homework*
naar het feest van Maria gaan	*to go to Maria's party*
een cadeau voor Maria kopen	*to buy a present for Maria*
foto's in het museum maken	*to take pictures in the museum*

Use the verbs **gaan, mogen, moeten, willen** and **kunnen** to make sentences about these activities listed. Which verb you use depends on what seems appropriate to you, whether you can, want, are allowed or have to do these activities. In the key you will find some sample sentences. Again, if you know a native speaker, you may want to ask him/her to help you to extend this list. You can then write several sentences about what you want to, can, may or must do. For example:

Ik moet mijn haar wassen.
Ik wil in de tuin werken.

You have now learnt to say that you can, must, want to or are going to do something. Look at the following sentences to see how you say you do *not* want to, can't or mustn't do something:

Ik kan morgen geen cadeau voor Maria kopen.
Je mag hier geen foto's maken.

We said in Unit 6 that **niet** normally comes at the end of a sentence:

Ik kom morgen niet.

We also saw that **niet** is placed before prepositions and descriptive words:

Wij gaan niet naar het concert.
Mijn auto is niet nieuw.

Now look at the following sentences with two verbs and have a look at the position of **niet**:

Ik kan mijn zoon niet helpen.
Ik wil les zes niet herhalen.

As you can see, if there's a verb at the end of the sentence (like **helpen** and **herhalen** in these sentences), **niet** is placed in front of it.

▶ Activiteit 16

Complete the dialogues using **geen**.

Simon's partner, Angelien, has taken a day off. Simon asks her what she's going to do, but Angelien clearly doesn't feel like doing anything and would prefer to spend the day doing nothing. Complete their dialogue by answering Simon's questions using **geen**. If you have the recording, you can do this exercise while you listen. For example:

Simon	**Ga je een boek lezen?**
Angelien	**Nee, ik wil geen boek lezen.**

a Simon   Ga je piano spelen?
    Angelien   Nee, ...
b Simon   Ga je boodschappen doen?
    Angelien   Nee, ...
c Simon   Ga je een video bekijken?
    Angelien   Nee, ...

To answer the following questions you will need to use **niet**. For example:

Simon	**Ga je je moeder bellen?**
Angelien	**Nee, ik ga mijn moeder niet bellen.**

d Simon   Ga je met Renata zwemmen?
    Angelien   Nee, ...
e Simon   Ga je je haar wassen?
    Angelien   Nee, ...
f Simon   Ga je de hond uitlaten? (*walk the dog*)
    Angelien   Nee, ...
g Simon   Ga je Peter emailen?
    Angelien   Nee, ...

---

piano spelen   *to play the piano*

In this unit you have learnt a lot of new vocabulary and more complex sentence structures. Make sure you understand these structures before you move on to the next unit. If you still have problems with some word patterns go over the section in this or previous units that deals with that point. Also work on your vocabulary list. If you haven't started one yet, as was suggested in Unit 1, start one now. It will help you to absorb the different words, so that you can use them again in different situations.

08

dat is stukken duurder

that's much more expensive

In this unit you will learn
- how to compare things

▶ Dialoog 1

Bij de delicatessen *At the delicatessen*

Wieteke	Wat zullen we nemen?
Gerrit	Ik heb zin in de gevulde burrito's vanavond.
Wieteke	Die zijn een beetje duur.
Gerrit	Hm ja. De loempia's zijn goedkoper. Zullen we die maar nemen?

ik heb zin in ...	*I fancy ...*
gevuld	*filled, stuffed*
een beetje	*a little bit*
duur	*expensive*
de loempia	*spring roll*
goedkoop	*cheap*
die	*they, those*

Activiteit 1

Answer the following questions about the dialogue in English.

a Why is Wieteke not that keen on buying the burritos?
b What does Gerrit suggest they buy instead?

▶ Dialoog 2

In het restaurant *In the restaurant*

Wieteke	Neem jij het dagmenu?
Gerrit	Ik heb eigenlijk zin in biefstuk, maar dat is minder gezond.
Wieteke	Dan neem je het dagmenu toch? Dat vind je toch ook lekker?

het dagmenu	*menu of the day*
de biefstuk	*steak*
dat vind je toch ook lekker?	*you like that as well, don't you?*
minder gezond	*less healthy*

Language use

You have come across the word **toch** when it was used to check that your assumption is correct. Little words like **toch** are tricky in the sense that they can sometimes mean completely different things in different contexts. In the dialogue it is used to encourage Gerrit to order the dish of the day.

▶ Dialoog 3

In de sportwinkel *In the sports shop*

Mark en Tony, studenten, kopen een T-shirt voor de komende skeelerwedstrijd:

Mark   Jee, wat een cool T-shirt!

Tony   Nee joh. Die daar is toch veel hipper?

Mark   Ja, en ook stukken duurder.

Tony   Ach man, wat maakt dat nou uit? Dan werk je toch een paar dagen meer in de zomer?

skeelerwedstrijd	*in-line skating competition*
die daar	*that one there*
stukken duurder	*much more expensive*
wat maakt dat nou uit?	*so what?*
dan werk je toch een paar dagen meer in de zomer?	*just work a few more days during the summer*

Activiteit 2

Answer in English:

What arguments does Tony use in trying to convince Mark to buy the more expensive t-shirt?

Activiteit 3

Which of the three dialogues is the most informal and colloquial? How can you tell by the language used?

Language use

The last dialogue contains many little words which frequently cannot be translated in an exact manner. These words can change the meaning of a sentence: they can indicate a certain tone, or they serve to indicate a certain relationship, e.g. a bond between friends.

jee	gee
nee joh	'joh' remains untranslated, but serves to create a sense of a bond between friends
ach	oh
man	used to address a male person in a very colloquial manner
ach man	chill out, man
toch	used here to help to convince

Activiteit 4 Waar heeft u zin in?/Waar heb je zin in? *What do you fancy doing?*

de vakantie	*holiday*
een glas wijn	*a glass of wine*
een Italiaanse maaltijd	*an Italian meal*
Chinees eten	*Chinese food*
een lange wandeling	*a long walk*
een belegd broodje	*a buttered roll with some sort of filling*
een warme zomer	*a warm summer*
een groot feest	*a big party*

Look at this list:

Mevrouw Dijkstal	een groot feest
Erwin	een Italiaanse maaltijd
Pieter	de vakantie
Meneer Paardekoper	een lange wandeling

a Make up mini-dialogues and ask each of these people what they fancy and give their responses. After you have practised saying the dialogues out loud, write them down. Think about the correct register.

b Write down for each of these people what they fancy. For example: **Mevrouw Dijkstal heeft zin in een groot feest.**

c Write down for yourself what you fancy. Perhaps you could add to the list.

i Chinese restaurants in the Netherlands frequently serve a mixture of Chinese and Indonesian food. Indonesian food is very popular in Holland and you can buy Indonesian ingredients in specialist shops or in supermarkets.

Skeeleren is in-line skating. This is very popular in the Netherlands. There are **skeelering** races, clubs, organized tours and you can buy **skeelering** maps and books describing suggested routes. This popularity can probably be explained by the association with ice skating.

Whenever the ice in the canals is thick enough, ice skating tours are organized, the most famous one of which is **de elfstedentocht**. This momentous 200-kilometre tour past 11 towns in Friesland in the north is something which generates great feelings of national pride and festivity. Unfortunately, the winters are rarely cold enough for this tour to take place, but **skeelering** and cycling routes have been developed along the same 11 towns so people can re-create the tour for themselves.

Language structures

In the first dialogue in this unit Wieteke and Gerrit are deciding what to buy; in doing so, they are comparing prices of food. The word they use here for comparing is **goedkoper** *cheaper*.

In Unit 4 you were introduced to words that describe things and people – *adjectives*. You can also use these adjectives to compare things and people. To do that in Dutch you add **-er** to the adjective.

So:

| goedkoop | → | goedkop**er** |
| klein | → | klein**er** |

Note the spelling change. However, you may have noticed that **duur** received an extra **d**. Adjectives ending with **r** get a **d** added before **-er**, thus: **duurder**.

Note that there are a few words which don't follow the same pattern. These are:

goed	→	**beter**	*good*	*better*
veel	→	**meer**	*many*	*more*
weinig	→	**minder**	*few/little*	*less/fewer*

Also frequently used is:

graag → **liever**

Ik skeeler graag in m'n eentje.	*I like to go in-line skating on my own.*
Maar Jan skeelert liever in een groep.	*But Jan prefers to go in-line skating in a group.*

Activiteit 5

Answer the following questions and put the words between brackets in the correct form. For example:

Welke bloemen (*flowers*) **wil je?**
Ik vind die blauwe ... (mooi) → *Ik vind die blauwe mooier.*

a Wie vraag (*ask*) je op je feestje, Hans of Margaret?
   Hans, denk ik. Ik vind hem ... (aardig).
b Welke appels vind je lekker? De rode of de groene?
   Ik vind de rode ... (lekker). De groene zijn ... (zuur) (sour).
c Welke koekjes wil je? Deze of die?
   Ik vind de ronde koekjes ... (lekker). Die zijn ... (zoet).
d Welke auto wil je hebben? Een Ford Galaxy of een Ferrari?
   Een Ford Galaxy is ... (groot), maar een Ferrari is ... (snel).
e Wat doe je liever? Skeeleren of schaatsen?
   Skeeleren vind ik ... (leuk).

vragen	to ask	**zoet**	sweet
de bloem	flower	**snel**	fast
rond	round		

Language structures

If you compare two things directly you must add the word **dan** (*than*):

Een Ford Galaxy is grote**r** **dan** een Ferrari.

Look also at these examples:

Deze bananen zijn bruine**r** **dan** die bananen.
Dit huis is grote**r** **dan** dat huis.
Deze CD is duurde**r** **dan** die.
Dit schilderij is mooie**r** **dan** dat.

Repeating the word at the end sounds a little laborious, so you can normally leave it out:

Dit T-shirt is cooler dan dat.

Look at this chart which shows you when to use **dit** or **deze**, **dat** or **die**:

	het word	**de** word
this/these	**dit**	**deze**
that/those	**dat**	**die**

Activiteit 6

Answer the questions in Exercise 5, comparing all the objects directly. For example:

Welke bloemen wil je? Deze of die?
Ik vind deze bloemen mooier dan die bloemen.

Activiteit 7

Complete using **die** or **dat**.

Fill in the correct form of the word between brackets. For example:

Wil je in die stoel zitten?

Nee, ... stoel zit ... (lekker) → *Nee, deze stoel zit lekkerder.*

saai boring

a Vind je dit boek moeilijk?
   Nee, ik vind ... boek ... (moeilijk).
b Vind je deze gele broek mooi?
   Nee, ik vind ... rode broek ... (mooi).
c Wil je deze krant hebben?
   Nee, ik vind ... krant ... (interessant).
d Vind je dit artikel saai?
   Nee, ik vind ... artikel ... (saai).

Activiteit 8 Vergelijk deze plaatjes

Compare these pictures:

Lex   meneer Heeringa

klein	lang
vrolijk (*jolly*)	verdrietig/depressief
optimistisch (*optimistic*)	pessimistisch (*pessimistic*)
jong	oud
modern	ouderwets (*old fashioned*)

Write sentences comparing these people. For example:

Lex is kleiner dan meneer Heeringa.
Meneer Heeringa is langer dan Lex.

Activiteit 9

You have been asked to participate in a wine-tasting session for a market research company. Write down your findings using the words in the following box. For example:

Wijn A is/smaakt fruitiger dan wijn B.

smaken	*to taste*
fruitig	*fruity*
lekker	*nice*
vol	*full bodied*
licht	*light*
zwaar	*heavy*
zoet	*sweet*
kruidig	*spicy*

Activiteit 10

You are talking with a friend about the dress sense of two of
your colleagues. use the words in the following box. For
example:

> Jane's kleren zijn vrouwelijker dan die van Els.
> *Jane's clothes are more feminine than Els's.*

net	*neat and tidy*
saai	*boring*
ouderwets	*old fashioned*
hip	*hip*
modern	*modern*
fleurig	*colourful*
vrouwelijk	*feminine*
truttig	*dowdy*
opvallend	*striking*
goedkoop	*cheap*
duur	*expensive*
schoon	*clean*

Activiteit 11

Write a comparison of two major public figures.

They could be sporting heroes, political figures or figures in the
royal family. Use adjectives you already know and some from
this list in your description:

conservatief	*conservative*	**slank**	*slim*
progressief	*progressive*	**aantrekkelijk**	*attractive*
tolerant	*tolerant*	**intelligent**	*intelligent*
agressief	*aggressive*	**dom**	*stupid*
dik	*fat*	**stijf**	*stiff*

Activiteit 12 More comparisons

Practise comparing things by choosing two objects, pieces of
furniture, houses or paintings.

This is a free activity, so there is no answer in the key.

09

ogenblikje, ik verbind u even door

hold on a moment, I'll just put you through

In this unit you will learn
- how to arrange to meet somewhere
- how to have a telephone conversation

▶ Dialoog 1

Linda belt Marijke met haar mobieltje. *Linda is phoning Marijke on her mobile.*

Marijke	Met Marijke Smit.
Linda	Hallo, met Linda.
Marijke	O hallo, waar ben je?
Linda	Ik sta op het station en neem straks de trein van half 6. De trein komt om vijf over zes in Amersfoort aan. Haal je me dan van het station op?
Marijke	Goed, ik kom je zo ophalen.
Linda	Tot straks. Dag.
Marijke	Ja, tot zo.

het station	*station*
tot straks	*see you later* (literally: *till later*)
de trein	*train*
komt ... aan (aankomen)	*to arrive*
haal ... af (afhalen)	*to pick up*
tot zo	*see you in a bit*

▶ Activiteit 1

Use the dialogue to help you in the following task. You are about to embark on your flight to the Netherlands from Heathrow Airport and you phone your business partner there. You will need to use the words in the vocabulary box.

Marco	Met Marco Haverhals.
You	*(Greet Marco and tell him who he is speaking with)*
Marco	O hallo, waar ben je?
You	*(Tell him you are at Heathrow and that your flight is at 12.30 and arrives in Amsterdam at 14.30. Ask him if he can pick you up from the airport)*
Marco	Goed, ik ben er om half 3.
You	*(Say thanks, see you later and goodbye)*
Marco	Ja, tot dan. En een prettige reis. *(See you then and have a good trip)*

de vlucht	*the flight*
het vliegveld	*the airport*
bedankt	*thanks*

Language use

There are various ways of saying goodbye in Dutch:

Marijke en Linda use **tot zo** and **tot straks**, which both mean *see you in a little while*. If they did not know when they would meet again, they could say **tot ziens**. Similarly, if they knew they would meet again in the evening or the next morning, they could have said **tot vanavond**, **tot morgen** or **tot dan** (*see you then*).

Activiteit 2

a What would they have said if they were going to meet again this afternoon?
b And what would they have said if they were going to meet again on Sunday?
c And on Wednesday?
d And on Tuesday?
e And what if they were going to meet again next week?
f And next month?

▶ Language structures

Dag is another way of saying goodbye. However, it is also used for *hello*. When **dag** is used as a greeting, then the pronunciation is short. If you have the recording, listen to how it sounds. Practise this:

dag Arend	dag Richard
dag Ineke	dag Carol

When **dag** is used as a goodbye, it is normally pronounced with an extended *ah* sound as in **dahag**. Practise this:

tot ziens	tot straks
dag (dahag)	dag (dahag)

▶ Tekst

Doe eens makkelijk. Neem de Treintaxi.

De Treintaxi brengt u op een comfortabele manier van en naar het NS-station. U deelt de Treintaxi met andere passagiers. Een kaartje voor de Treintaxi kost € 3,50. U kunt dit op het station kopen. U geeft uw kaartje aan de chauffeur. U kunt een kaartje voor de taxi ook bij de chauffeur kopen, maar dan is het duurder.

De chauffeur wacht bij het station maximaal 10 minuten op andere passagiers. De Treintaxi rijdt van en naar 111 stations.

De Treintaxi kan u dus ook ophalen en naar het station brengen. Bel dan een half uur voor u wilt vertrekken naar de Treintaxi-centrale.

doe eens makkelijk	*take it easy for a change*
manier	*manner, way*
NS (Nederlandse Spoorwegen)	*the name of the Dutch Railways*
delen	*to share*
andere	*other*
het kaartje	*ticket*
kopen	*to buy*
geven	*to give*
de chauffeur	*the driver*
wachten	*to wait*
rijden	*to ride*
bellen	*to phone*
vertrekken	*to leave*

Activiteit 3

Read the advertisement for the 'treintaxi' and answer the questions in Dutch.

a   Wat is het voordeel (*advantage*) van de treintaxi?
b   Waar koop je een kaartje voor de treintaxi?
c   Hoe lang wacht de chauffeur op andere passagiers?
d   Bij hoeveel stations staat een treintaxi?
e   Wat is het nadeel (*disadvantage*) als je een kaartje bij de chauffeur koopt?

▶ Dialoog 2

Dinie belt Frouke, haar homeopaat. *Dinie phones Frouke, her homeopath.*

Frouke	Met Frouke van den Broek.
Dinie	Dag Frouke, met Dinie Heijermans. Zeg, ik heb eigenlijk een afspraak met je voor maandag, maar ik moet dat helaas afzeggen. Kan ik voor een andere keer afspreken?
Frouke	Ja, natuurlijk. Komt morgen je goed uit?
Dinie	Nee, dat komt mij niet zo goed uit. Donderdag is beter.
Frouke	Om tien uur?
Dinie	Ja dat is goed. Dan spreken we donderdag om tien uur af.
Frouke	Tot dan.
Dinie	Ja, tot dan.

de afspraak	*the appointment*
afspreken	*to arrange (to meet), to make an appointment*
uitkomen	*to suit*
helaas	*unfortunately*
afzeggen	*cancel*
een andere keer	*another time*
komt morgen je goed uit?	*does tomorrow suit you?*
beter	*better*

Activiteit 4

Answer the following questions about the phone conversation between Dinie and Frouke in English, but answer **d** in Dutch.

a What does Frouke say when she answers the phone? (give the English translation)
b Why does Dinie phone her homeopath?
c Which expression indicates that Frouke readily agrees to this?
d How does Frouke ask whether tomorrow will suit Dinie? (give the Dutch expression)
e Does that suit Dinie?
f When do they agree to meet?

▶ Activiteit 5

You are phoning the doctor because you have to cancel the appointment you made for Tuesday.

Doktersassistente	Met de praktijk van Dr de Boer.
You	*(Say who you are and that you have an appointment for tomorrow at 1.30 and that you regrettably have to cancel it – ask if you can arrange for a different time)*
Doktersassistente	Even kijken. Komt donderdag u beter uit?
You	*(Say that Thursday doesn't suit you; ask if you can arrange for Wednesday)*
Doktersassistente	Ja, woensdag kan. Om kwart voor drie?
You	*(Say yes and recap by saying that you would like to arrange it for Wednesday at 2.45)*

> **de praktijk**   *(doctor's) practice*

i When you answer the phone in the Netherlands you always answer with your name, as it is considered impolite to answer with just *hello?* There are two formulae you can use. Either: **met** (plus your name) or **U spreekt met** (plus your name). However, this last one is very polite. Look at the examples in the dialogues that follow.

▶ Dialoog 3

Anja	Met Anja Heimans.
Peter	*Dag Anja, met Peter. Is Berend thuis?*
Anja	Hij is naar zijn moeder vandaag, maar hij is vanavond weer thuis.
Peter	*Goed, ik bel hem vanavond wel.*
Receptioniste	Met de afdeling Personeelszaken.
Peter	*Kan ik met meneer de Haan spreken?*
Receptioniste	Ogenblikje, ik verbind u even door.

thuis	*at home*
weer	*again*
de afdeling	*department*
personeelszaken	*personnel*
ogenblikje	*one moment please*
verbind ... door (doorverbinden)	*to put through* (by phone)

Words like **wel** and **even** are again little words that have no specific meaning even though they may influence the feeling of what is said. **Wel** emphasizes the contrast here between not being at home now, but being there in the evening. **Even** indicates that it is something which is done easily. It could translate here as *just*.

Activiteit 6

Which two phrases are used on the phone to ask to talk to someone?

Activiteit 7

a Ask if you can talk to meneer Plantinga.
b Ask if Menno is at home.

▶ Activiteit 8

Make up dialogues for the following situations.

a You are phoning your friend Alice. Her husband, Dirk Jansen, answers the phone and says that Alice is at a party, but that she will be home tomorrow. You say you will phone tomorrow.
b You are phoning the loans department of your local bank. You ask for Mrs Blom and the girl who answers the phone says she will put you through.

---

de afdeling leningen   *loans department*

Language structures

Go back to the first two dialogues in this unit and look at the verbs **afhalen** and **afspreken**. Sometimes these verbs appear as here, but sometimes they appear split into two parts. These verbs where the first part can be split from the main part are called *separable verbs*. When we want to use these verbs as the main verb (action word) in the sentence, the first part splits away and appears at the end of the sentence. For example:

Hij **zegt** onze afspraak   *He's cancelling our*
voor morgen **af**.   *appointment for tomorrow.*

De trein **komt** om half elf **aan**. *The train arrives at half past ten.*
We **spreken** om 3 uur **af**. *We arrange to meet at 3 o'clock.*
Ik **haal** je straks **af**. *I'll pick you up in a minute.*
Ik **verbind** u **door**. *Putting you through.*
Het **komt** me goed **uit**. *That will suit me.*

As you can see, the main part of the verb behaves according to the rules set out in Unit 1.

In Unit 7 we saw that it is possible to use more than one verb in a sentence. This is also possible with separable verbs. When the separable verb is used with another verb, such as **zullen** or **willen**, then it behaves according to the rules set out in Unit 7 and goes to the end of the sentence. This means that the main part of the separable verb meets up with its first part at the end of the sentence. For example:

Ik zal om half zes aankomen. *I'll arrive at half past five.*

Zullen we voor morgen afspreken? *Shall we arrange to meet tomorrow?*

Ik kom je afhalen. *I'll come and pick you up.*

There are many separable verbs. Here are just a few:

weggaan	to go away
meekomen	to come along
thuisblijven	to stay at home
ophangen	to hang up
meebrengen	to bring along
schoonmaken	to clean
uitgeven	to spend
afmaken	to finish

Activiteit 9

Answer the following questions in the affirmative using the separable verb. For example:

Zullen we nu weggaan?
Ja, we gaan nu weg.

NB Think about the correct forms of the verbs as well as the correct pronouns (**wij, jullie, ik**, etc.). For example:

Moeten jullie het werk nog afmaken?
Do you still have to finish your work?
Ja, we maken het werk nog af.

a Willen jullie morgen meekomen?
b Willen jullie graag thuisblijven?
c Ga jij het schilderij in de kamer ophangen?
d Wil jij de pizza meebrengen?
e Wil jij het huis schoonmaken?

Activiteit 10

Ask the same questions substituting **Peter en Dries** for **jullie** and substitute **Lena** for **jij**. Answer the questions as well. For example:

a **Willen Peter en Dries morgen meekomen?**
Ja, zij komen morgen mee.

▶ Activiteit 11

To do this dialogue you might want to look back at pages 78–9.

You are phoning your friend Harry and you suggest doing something the next day. You have to negotiate to come to a compromise. You need to use various structures and words which you have learnt so far. Write down your part first and then act it out either by reading both parts out loud or with the recording if you have it.

Harry	Met Harry Donkers.
You	(*Greet Harry, say who you are and suggest going to play football the next day*)
Harry	Ik heb daar eigenlijk geen zin in. Trouwens, ik moet morgen werken.
You	(*Suggest going to the cinema on Saturday evening*)
Harry	Ja, daar heb ik wel zin in.
You	(*Ask what time you should arrange to meet*)
Harry	Kun je om kwart over zeven bij mij zijn?
You	(*Say that's okay and you'll see him on Saturday*)

---

trouwens   *besides*

10

kom binnen

come in

In this unit you will learn
- how to give and follow instructions
- how to understand recipes
- how to talk about the environment

▶ Dialoog

Wilma is expecting her friend and invites her in:

Wilma　Hallo, kom binnen.
　　　　　Doe je jas uit. Ga zitten.

When a friend of Wilma's son, Robert, comes round to give Robert something, Wilma says:

Wilma　Hallo, kom maar
　　　　　even binnen.

Mirjam is sitting with her son in a waiting room. It is hot and she says:

Mirjam　Doe je jas maar uit.

d

Wilma says to Sietske and Jan who are standing chatting outside her front door.

Wilma Kom toch binnen,
het is koud buiten.

binnen	*inside*
buiten	*outside*
koud	*cold*

Wilma says to Sietske who is standing in the living room with her coat on:

e

Wilma Doe je jas toch uit.

When Sietske is still standing, she says:

Wilma Ga toch zitten.

If you have the recording, listen to these clips several times and note the different tones of voice with which these invitations are uttered. If you do not have the recording, read them over several times and take the context into account. Then read these sentences out loud and imagine what tone of voice these different situations would demand.

Language use

Strictly speaking, the patterns you have just seen are commands or orders. The way in which words are said plus the situation in which they are said determine whether they are meant as an order, an instruction or an invitation. Also the addition of words like **maar** and **toch** can change the intention of the sentence.

The addition of **maar** changes the command into an invitation or encouragement. **Kom maar met ons mee** sounds more gentle and encouraging than **Kom met ons mee**.

> **Schiet toch op.**   *Do hurry.*

The addition of **toch** assumes that there was a delay. It could even sound as if the speaker were a little irritated, although that is not always necessarily the case.

Orders can also be used for different reasons, for instance, to encourage people to carry out certain actions or to give advice:

Geniet van wijnen uit de Provence!	*Enjoy wines from Provence!*
Koop nu uw nieuwe mobiel!	*Buy a new mobile phone now!*
Ga naar huis, je bent moe.	*Go home, you are tired.*

Activiteit 1

Choose from the following list of words to describe each of the situations (a–e) on pages 104–5.

1 invite directly
2 irritable
3 permissive
4 to encourage

NB There may be more than one possibility.

Activiteit 2

Complete using **toch** or **maar** as appropriate.

a Ga … naar huis. (colleague who is fed up with the secretary sneezing and spluttering over her desk)
b Ga … naar huis. (boss, kindly, to secretary who is obviously ill)

c Zit ... stil. (mother to fidgety child)

d Hou ... je mond. (mother to her incessantly chatting child)

e Doe het raam ... open. (teacher gives child permission to open the window, because it is so warm)

f Doe het raam ... open. (teacher to same child who is delaying opening the window)

g Ga ... met Jantien uit vanavond. Ik pas wel op de kinderen. (husband encourages his wife to go out while he looks after the children)

oppassen	*to look after*
stilzitten	*to sit still*

Language structures

You have come across orders and commands before in sentences such as **Geef mij maar een pilsje.** The patterns of orders and commands are formed in the same way. For example:

> **Doe de deur dicht.** (*Close the door.*)
> **Ga naar binnen.** (*Go inside.*)
> **Klik op de muis.** (*Click on the mouse.*)

In these orders the person who is addressed is not actually directly referred to in the sentence, i.e. the words **jij** or **u** are not used.

Look at the actual verbs in these commands. They all have the same form, namely the *stem* of the verb. (This is the verb with the **-en** or **-n** taken off the end.) Naturally this is adjusted for spelling:

zitten becomes **zit**   **geven** becomes **geef**

eten becomes **eet**   **gaan** becomes **ga**

Activiteit 3

Can you change the following questions into orders? For example:

> **Kun je de deur dicht doen?** → **Doe de deur dicht.**

a   Kun je straks de boodschappen doen?
b   Kun je me vanavond bellen?
c   Kun je deze les voor morgen leren?
d   Wil je oom Jan vanavond schrijven?
e   Kun je dit artikel lezen?
f   Wil je niet zo hard schreeuwen?

▶ Activiteit 4

Your local council has issued guidelines for its inhabitants to take responsibility for creating a better environment.

The campaign is called: **Een beter milieu begint bij jezelf.** (*A better environment starts with you.*)

a Lees de volgende adviezen van de gemeente (*Read the following advice from the council*):

Koop geen melk in pakken, maar in flessen.
Scheid groenteafval van het gewone afval.
Gebruik een vulpen in plaats van een wegwerppen.
Breng uw flessen naar de glasbak.
Breng uw oud papier naar de papierbak.
Koop tweedehands meubels.
Gooi chemisch afval niet in de vuilniszak.
Lever uw chemisch afval in bij de Chemokar.
Breng uw oude kleren naar de tweedehandswinkel.
Koop niet meteen nieuwe spullen, maar repareer kapotte dingen.
Gebruik geen plastic tassen, maar neem uw eigen boodschappentas mee.
Doe het licht uit (als het niet nodig is).
Hang deze lijst in de keuken op.

het afval	*rubbish*
organisch	*organic*
wegwerp	*disposable*
de glasbak	*bottlebank*
scheiden	*to separate*
tweedehands	*secondhand*
meubels	*furniture*
(weg)gooien	*to throw away*
de vuilniszak	*rubbish bag*
inleveren	*to hand in*
chemisch	*chemical* (adj.)
de Chemokar	council vehicle that comes and collects chemical waste from special locations
meteen	*immediately*
spullen	*things*
het ding	*thing*
repareren	*to repair*
kapot	*broken*
gebruiken	*to use*
eigen	*own*
doe het licht uit	*switch the light off*
als het niet nodig is	*if it isn't needed*
de lijst	*list*

b Read through the text thoroughly again and make sure you understand most of the words. Then answer the following questions about the text in English.

a In what kind of containers do you need to buy milk?
b What do you need to do with vegetable waste?
c What kind of pen are you advised to write with?
d What should you not do with chemical waste?
e What are you advised to do with your old clothes?
f You are advised not to buy too many new items. What are you supposed to do when old things break down?

c Read it all through again and underline all the verbs that make up the instructions. Make sure you also include the split-up sections of the separable verbs (**inleveren, meenemen, uitdoen** and **ophangen** are separable verbs).

d You have just read this council list and you are now writing a letter to your friend who did not receive the leaflet. Tell your friend how to do his bit for the environment. Write down each of these sentences in full using the verb **moeten**. Don't forget that **uw** will change to **je**. For example:

Je moet geen melk in pakken kopen, maar in flessen.
Je moet groenteafval van het gewone afval scheiden.
Je moet je flessen naar de glasbak brengen.

▶ Activiteit 5

Read this recipe.

Uitsmijter

U moet de boter in de koekepan doen.
U moet 3 plakjes ham in de koekepan bakken.
U moet 3 eieren in de pan doen.
U moet een augurk en een tomaat in plakjes snijden.
U moet 3 boterhammen smeren.
U moet de eieren, de ham, de plakjes tomaat en de augurk
bovenop de boterham leggen.
Eet smakelijk!

---

de boter	*butter*
de koekepan	*frying pan*
plakje	*slice*
het ei (plural: **eieren**)	*egg*
de augurk	*gherkin*
snijden	*to cut*
de boterham	*slice of bread, sandwich*
smeren	*to butter*
bovenop	*on top*
leggen	*to put*
eet smakelijk!	*enjoy your meal!*

Now change these full sentences into clear instructions. For example:

Doe de boter in de koekepan …

▶ Activiteit 6

Listen to the broadcast with tips about energy saving.

Using the letters on the drawing, indicate which recommendations were made. Use the pattern for instructions, e.g. **Zet de verwarming lager** (*turn down the heating*). You will have to refer to the vocabulary list on page 112. You can also make use of the words you have used for Exercise 4. And remember, for an exercise like this you do not have to understand everything that is said, but you do need to learn to pick up the information that is relevant to you. Listen to the broadcast several times and you will find that gradually you understand more of what is said.

The full text of the broadcast is printed in the key.

makkelijk	*easy*
sparen	*to save*
energie	*energy*
de verwarming lager zetten	*to turn the heating down*
leeg	*empty*
het idee	*idea*
isoleren	*to insulate*
af en toe	*now and then*
het raam	*window*
gebruikt meer water	*uses more water*
op de knop drukken	*press the button/switch off an appliance*

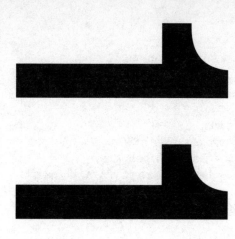

op vakantie
on holiday

In this unit you will learn
- how to talk about holidays
- how to express preferences and opinions

▶ Dialoog

Ludwien and Jackie are discussing an upcoming holiday.

Ludwien	Wij willen volgende maand een weekje op vakantie. Gewoon in Nederland. Hebben jullie misschien zin om mee te gaan?
Jackie	Ja, dat lijkt me erg leuk.
Ludwien	We moeten wel goede afspraken maken.
Jackie	Over wat we precies gaan doen, bedoel je?
Ludwien	Nee, ik bedoel afspraken over wie wat gaat voorbereiden.
Jackie	O, goed. Ik zal op het internet zoeken op de website van de VVV.
Ludwien	Ik zal naar de ANWB gaan.

volgende maand	*next month*
gewoon	*just*
een weekje	*a week*
zin hebben om mee te gaan	*to fancy coming along*
bedoelen	*to mean*
wie wat gaat voorbereiden	*who is going to prepare what*

ℹ

1 In Unit 9 you learnt that **een afspraak maken** means to make an arrangement or an appointment. What Ludwien means here is more akin to discussing social roles, behaviour and tasks. If you live or work in the Netherlands you may come across the insatiable need of people (and institutions) to arrange and order 'life'. This is much less so in Flanders.

2 The VVV in the Netherlands is the local tourist office. On their website you can find information about events, bike and boat hire, accommodation and so on. You can also book holidays through the VVV. The ANWB sells maps, cycling routes and travel guides about the Netherlands as well as holiday destinations abroad. They provide a whole range of services, including insurance.

In Belgium there are various organizations comparable to the ANWB. Local information for tourists is provided through regional organizations.

Activiteit 1

Answer the following questions in English.

a When does Ludwien want to go on holiday and for how long?
b Which word shows that Ludwien thinks a holiday in Holland is nothing special?
c Is Jackie keen to come along with Ludwien and her family?
d What does Ludwien want to ensure both Jackie and she are clear about?

Language structures

In Unit 8 you learnt the expression **ik heb zin in ...** (*I fancy ...*). This is normally followed by a word which indicates a *thing*, often food or a drink: **ik heb zin in koffie.** If you are asking whether someone fancies *doing a particular activity*, you use, as Ludwien does here, **om** plus **te** plus a verb: Heb je zin **om** mee **te** gaan?

Activiteit 2 Planning a summer holiday

Maria is trying to engage her husband, who is engrossed in a football magazine, in planning their summer holiday. Play the role of Maria in asking her husband whether he fancies the following activities. For example:

naar Spanje gaan
Heb je zin om naar Spanje te gaan?

a thuis blijven
b op het strand liggen
c in de bergen wandelen
d kamperen
e met Marloes en Eddie op vakantie gaan
f naar de finale van het wereldkampioenschap voetbal kijken

thuis blijven	*to stay at home*
het strand	*the beach*
de berg	*the mountain*
het wereldkampioenschap	*the world championship*

Language use

The sentence **dat lijkt me erg leuk** shows that Jackie is clearly quite keen to go on holiday with Ludwien. The sentence is best translated here as *I think that will/would be really nice.* Here are some other possible positive or fairly neutral responses:

	Very positive	Positive	Neutral
Dat lijkt me	schitterend	leuk	wel leuk
		fantastisch	wel aardig
	erg leuk		wel wat

A negative answer could be: **Nee, dat lijkt me niets** *No, that doesn't appeal to me.*

Activiteit 3 Roleplay

Play the role of Maria's husband and answer her questions (in Exercise 2), bearing in mind that he is lazy and generally unenthusiastic, but he loves football. Various answers will be possible. Only some of the most obvious ones are mentioned in the key.

Language use

Negative responses can be given by saying you find something too boring, too dangerous, too expensive etc. Here are some possible responses:

Sorry hoor, maar ik vind dat	te saai	*too boring*
Sorry, but I find that	te primitief	*too primitive*
	te duur	*too expensive*
	te inspannend	*too much hard work*
	te toeristisch	*too touristy*
	te gevaarlijk	*too dangerous*
	te educatief	*too educational*

Activiteit 4

Before Jackie does her research on the VVV website she wants to get an idea of what kind of things Ludwien would like to do on holiday. Unfortunately, Ludwien is rather negative. Play the role of Ludwien in answering Jackie's questions and choose what seems to be an appropriate answer. There will be various possibilities. For example:

Zullen we in hotels overnachten?
Sorry hoor, maar ik vind dat te duur.

a Zullen we een strandvakantie houden?
b Wil je gaan kamperen?
c Heb je zin om musea te bezoeken?
d Zullen we een trektocht maken op de fiets?
e Wil je naar een pretpark?
f Wil je gaan parachutespringen?
g Heb je zin om te gaan zeilen?

bezoeken	*to visit*
een trektocht maken op de fiets	*to go cycle touring*
het pretpark	*theme park*
parachutespringen	*parachuting* (**springen** *to jump*)
zeilen	*sailing*

Language use

In the last exercise, Ludwien is very negative, but she is not as rude as you might think. In the Netherlands, but much less so in Flanders, people tend to be very forthright and direct in giving opinions. Consequently you will frequently hear people in conversations say: **ik vind dat ...**

Nevertheless, Ludwien could have been more cautious in stating her opinion by saying, for instance, **misschien is dat een beetje te duur** (*perhaps that is a little too expensive*).

Activiteit 5

Answer Jackie's questions (Exercise 4) a little more cautiously by using the pattern just given. For example:

Zullen we in hotels overnachten?
Misschien is dat een beetje te duur.

▶ Tekst

Jackie has found the following descriptions of a few holidays on the VVV website:

VAKANTIE A
Lekker verwend worden?

Dat kan met dit comfortabele arrangement. U verblijft in Hotel Terheijden in Drenthe. Dit luxueuze hotel ligt op een magnifieke locatie omgeven door bossen, heidevelden en kleine meertjes. Het hotel biedt uitstekende faciliteiten zoals een overdekt zwembad, solarium en sauna, waar u heerlijk kunt ontspannen.

's Avonds kunt u in het restaurant genieten van de overheerlijke gerechten van de chef-kok.

U kunt het alledaagse leven even helemaal vergeten. Al met al vijf dagen luxe en comfort.

---

verwend worden	*to be spoiled*
dat kan	*that's possible*
verblijven	*to stay*
omgeven door	*surrounded by*
bossen, heidevelden en kleine meertjes	*woods, moors and small lakes*
bieden	*to offer*
uitstekend	*excellent*
overdekt	*covered/indoor*
kunt	*can*
ontspannen	*to relax*
genieten	*to enjoy*
overheerlijke gerechten	*delicious food*
het alledaagse leven	*everyday life*
vergeten	*to forget*
al met al	*all in all*

VAKANTIE B

Een ontdekkingstocht door de Biesbosch

Een ontdekkingstocht door de Biesbosch kan natuurlijk alleen over het water. U trekt vijf dagen per boot door dit unieke natuurgebied. U kunt deze avontuurlijke tocht maken met een kano of met een motorboot.
U overnacht in een eenvoudige trekkershut op een camping. U moet wel zelf uw slaapzakken meenemen. Aan het eind van uw tocht staat er een uitgebreid diner voor u klaar in een restaurant in het dorpje Made.

de ontdekkingstocht	*voyage of discovery*
trekken door	*to travel through*
het natuurgebied	*nature area*
eenvoudig	*simple*
de slaapzak	*sleeping bag*
uitgebreid	*elaborate*
het dorpje	*village*
klaar staan	*to be ready*

i De Biesbosch is a large national park in the Netherlands. It is a wetland area comprising coves, creeks, small islands and clumps of willow trees. The many species of birds and plants attract nature lovers and bird watchers to the area, but it is also possible to partake in active recreational pursuits such as canoeing, walking, cycling or camping.

Activiteit 6

Answer the following questions in English.

In relation to holiday A:

a What is the main theme of this holiday?
b Describe the setting of the hotel.
c Apart from the location, what other attractive features of this hotel are listed?

d Which two sentences sum up the theme of the holiday and the benefit you will derive from it?

In relation to holiday B:

e What is the main theme of this holiday?
f What will you be doing during this holiday?
g Where will you spend the nights?
h What luxury treat are you promised at the end of the holiday?

Activiteit 7

Compare the two holidays by filling in the gaps.

Use the expressions below. You may have to change the form of the verbs:

verwend	een avontuurlijke tocht
genieten	ontspannend
een eenvoudige trekkershut	uitgebreid diner
avontuurlijk	een luxe hotel
overheerlijke gerechten	

a Op vakantie A verblijf je in _____, maar op vakantie B overnacht je in _____.
b Op vakantie A word je _____, maar op vakantie B maak je _____.
c Op vakantie A _____ je elke avond van _____, maar op vakantie B krijg je alleen aan het eind een _____.
d Vakantie B is _____, maar vakantie A is heel _____.

Activiteit 8

Describe your own preference for either holiday A or B.

Make use of the expressions you have learnt so far. You can also use the following expression:

Ik ga liever … want …   *I prefer … because …*

For example:

Ik ga liever op vakantie A want dat lijkt me erg leuk.
Ik ga liever op vakantie A want ik hou van luxe hotels.
Ik ga liever op vakantie B want ik vind luxe hotels (te) saai.
Ik ga liever op vakantie B want ik hou van avontuur.

In the key you will find a few more sample sentences.

Language use

Look at the following sentences:

We gaan een weekje op vakantie.	*We are going on holiday for a week.*
U kunt in het dorpje Made dineren.	*You can dine in the village of Made.*
Het hotel ligt vlakbij kleine meertjes.	*The hotel is close to small lakes.*

Words which end in **-je** often indicate something is small. This form (*a diminutive*) is in some way comparable to the English *-let* as in 'piglet' or 'booklet', but it is used much more frequently in Dutch. These endings in Dutch might refer purely to the smallness of something, as in **dorpje** and **meertjes**, but it might also show a certain attitude. The word **weekje**, for instance, does not mean a 'small' week, as in 'just under a week'. The speaker here feels that going on holiday for only a week is not very long. It might just be a little extra holiday or mini-break.

Alternatively, diminutives are used to show a positive attitude:

Zullen we op een terrasje een biertje gaan drinken?
Wat een heerlijk zonnetje.
Wat een lekker weertje vandaag.
Mmm, een lekker kopje koffie.

het terrasje	*an outdoor patio of a restaurant or café*
de zon	*sun*
het weer	*weather*

Language structures

As you can see from the examples above, it is not always a matter of adding only **-je**. Sometimes you need to add **-tje**, **-pje**, **-etje** or **-kje**. The rules for this are a little cumbersome, so don't worry about these at this stage. You will automatically pick up the correct form when you come across new words in their diminutive form. Note also that diminutives are always **het** words.

Activiteit 9

Highlight the words in the following sentences which you could (in some cases should) change to a diminutive.

Think about the attitude which is expressed.

a Zullen we een tocht maken met de fiets?
b Ik wil wel op een terras zitten, maar niet in de zon.
c Ik heb zin in een brood met kaas.
d Ja lekker, ik ook. Zullen we er een wijn of een bier bij nemen?
e Kijk eens wat een leuk klein rok ik heb gekocht.
f Wat een verschrikkelijk weer vandaag.

de tocht	*trip*
de rok	*skirt*
heb ... gekocht	*have bought*

Activiteit 10

Now change the words you have highlighted into diminutives.

▶ Activiteit 11

Read the following programme sheets about two excursions.

Wadlopen

Een vrij energieke wandeltocht van 4 uur door slib, diepe geulen en over
zandbanken naar Ameland. Terug met de boot.
Deelnemers moeten gezond en fit zijn en moeten zelf
een lunchpakket meenemen. Absoluut **geen alcohol**.
Vertrek: vrijdag om 5 uur 's ochtends.

---

vrij energiek	*relatively energetic*
slib	*mud flat*
diepe geulen	*deep channels*
terug	*back*
deelnemers	*participants*
gezond en fit	*healthy and fit*

Dagje naar Amsterdam

Een dagje genieten van cultuur en culinaire kunst in onze fraaie
hoofdstad. Bezoek aan het Van Gogh museum, een rondvaart
door de grachten, lunch in Hotel Mariott en diner in het
chique restaurant 'De Prins' aan de Prinsengracht.
De dag wordt afgerond met een bezoek aan de kroeg.
Vertrek: maandag om 10 uur 's ochtends.

culinaire kunst	*the art of cooking*
fraai	*pretty*
de hoofdstad	*capital*
het bezoek	*visit*
rondvaart door de grachten	*canal tour*
wordt afgerond	*will be rounded off*
de kroeg	*pub*

Read the culture note that follows to ensure that you are clear about the nature of these excursions. Write down as many responses as you can to these two excursions in a similar manner as you did for Exercise 8. For example:

Ik ga liever wadlopen, want dat lijkt me avontuurlijker.
Ik ga liever een dagje naar Amsterdam, want ik hou van lekker eten en drinken.

i The English translation of **wadlopen**, *mudwalking*, partly conveys what this activity is about. When the tide is out in the **Waddenzee** (*the Wadden Sea*), a protected natural area, a shallow area is exposed consisting of salt marshes and sandbanks criss-crossed by deep channels and gullies. These gullies can be between knee and chest deep. It is possible to cross this area on foot and to walk to one of the Wadden islands, such as Ameland. This trip should be made only if you are fit and healthy and with an expert guide, as the area can be quite treacherous.

▶ Activiteit 12

The aim of this exercise is to try to use as many of the vocabulary, expressions and language patterns from previous units as seems appropriate. You might need to check up on certain expressions. It doesn't matter if you are not sure whether you use the language correctly. In this exercise your initial aim must be to engage in a dialogue in order to collect and ask for information.

Once you have completed your dialogue(s), you can see if and how you would correct yourself. The key will give an example, but, of course, it would be helpful if you could ask a (near) native speaker either to play one of the participants of this dialogue and/or to help you in checking your work afterwards.

Task: You have been asked to organize the annual office outing. You have selected the two excursions just seen and you want to check which of these suggestions receives most support.

You have set aside your lunch breaks to ask your colleagues individually which of the outings they prefer. They also need to ask you for information about the excursions as they have not seen the programme sheets.

The list of questions below should act as a guide for your dialogues. Think about the level of formality you are likely to use. Now create one (or more) of these dialogues.

Possible areas of focus:

You as organizer	Colleague
Do they fancy going **wadlopen** or taking a trip to Amsterdam?	Ask what it is/what you are going to do.
Are they fit and healthy?	What will you do on each of the excursions?
Do they fancy a trip to the museum or the **rondvaart**?	Do you have to take anything along?
Does the day/time of departure suit them?	Can you take alcohol on the trip?
	How long will the trip take?
	Where will you eat, will you go to a pub, etc.?

12

thuis en op het werk
at home and at work

In this unit you will learn
- how to talk about work
- how to talk about preferences
- how to talk about people's personalities
- how to read longer and more complicated texts

In this unit you will find a number of texts combining the different language patterns from previous units. Some of the texts are quite long, but don't be afraid: try to get the gist at first and don't worry if you can't understand every single word. On a second reading you can use the vocabulary provided. You will probably surprise yourself by how much you've learnt.

▶ Leestekst (reading text)1: Petra Koen

Petra Koen is IT-specialiste bij een grote bank. Petra heeft een riant salaris, maar moet wel hard werken.

Niet iedereen geeft vrije tijd of studie een hoge prioriteit. Sommige mensen zien hun werk bijna als vrije tijd. De cultuur bij Petra op kantoor is anders. 'Iedereen werkt over bij ons. Doe je dat niet, dan is het moeilijk.'

Petra heeft een contract voor 36 uur. Maar meestal werkt ze 45 tot 50 uur. Ze heeft een partner. 'En dat is niet altijd makkelijk. Soms kom ik de hele week pas om acht uur thuis. Dan gaat hij wel zeuren. Maar ik vind mijn baan veel te leuk.' Kan ze het overwerk beperken met een betere planning? 'Ik denk het wel,' zegt Petra. 'Maar het is gewoon onze bedrijfscultuur. We moeten veel reizen.' Niet voor niets is Petra de enige op haar afdeling met een partner.

prioriteit	*priority*
riant	*ample/considerable*
op kantoor	*at the office*
werkt over	*does overtime*
bij ons	literally: *with us (in our company)*
pas om acht uur	*not until eight o'clock*
zeuren	*to nag/complain*
baan	*job*
overwerk	*overtime*
beperken	*limit/restrict*
bedrijfscultuur	*company culture*
niet voor niets	*not for nothing*
de enige	*the only one*

Questions

Answer the following questions about the reading text in English.

a How many hours a week does Petra work on average?
b For how many hours a week does Petra get paid?
c Does Petra feel inclined to try and reduce the number of hours she works?
d Is her partner happy with this? And does this bother Petra?

▶ Leestekst (reading text) 2: Jos Korenaar

Jos Korenaar is eindredacteur bij een krant.

'Voor full-time werk, kom ik niet,' zegt Jos. Jos doet een full-time werkweek in drie dagen. Jos z'n contract is gebaseerd op 24 uur per week.

Drie dagen per week betekent minder geld dan vijf. Maar dat vindt hij geen probleem. 'Voor mij is mijn vrije tijd belangrijker. En het is toch schitterend dat mijn weekend langer is dan mijn werkweek?' Maar de werkdruk? 'Ja, de werkdruk is wel hoog, eh ... hoger, denk ik. Maar ik vind dat het goed kan. Kletsen op het werk is leuk, maar ik werk liever door en ga dan naar huis.' Wat doet Jos met zijn vrije tijd? 'Ik ga veel uit, naar theater of de kroeg. Of ik ga gewoon de stad in, cd'tjes kopen. Ik verzamel ook strips. Daarnaast ga ik vier à vijf keer per jaar een week of langer op vakantie, met de motor. En ik doe heel veel met mijn vriendin. Het leven hoeft niet duur te zijn. Ik volg de nieuwste mode niet, bijvoorbeeld. Geld is een kwestie van kiezen.'

kom ik niet	I won't show up
z'n	his
is gebaseerd op	is based on
betekent	means
werkdruk	work pressure
kletsen	to chat
ik werk liever door	I prefer to work on
verzamel	collect
strips	comics
vier à vijf keer	four to five times
motor	motorbike
heel veel	a great many things
hoeft niet ... te zijn	doesn't have to be ...
mode	fashion
een kwestie	a matter

Questions

Answer the following questions about the reading text in English.

a How many days a week does Jos work? And how many hours?
b What is the main advantage of working only three days a week?
c What are the main disadvantages of working only three days a week?
d What does Jos do in his spare time?
e Is earning less money a problem for Jos?
f How would you like to organize your private life and your career, like Petra or like Jos?

i As the two reading texts show, in many companies in the Low Countries (and throughout much of the western world) there is a lot of pressure on employees to work longer and longer hours. However, a lot of people choose to give priority to their private lives. It is interesting to note that in the Low Countries in many cases it is made possible for people to make this choice a reality. Legislation in the Netherlands makes it relatively easy for employees to reduce the number of hours they work. The question is, of course, whether this doesn't lead to greater pressure at work, as seems to be the case for Jos.

▶ Activiteit 1 Prioriteiten *Priorities*

a Wat vind je belangrijker? *What do you think is more important?*

Say what you find more important by answering the questions following the example:

> **Wat vind je belangrijker, je vrije tijd of je werk?**
> *Ik vind mijn vrije tijd belangrijker.*

a Wat vind je belangrijker, kletsen of werken?
b Wat vind je belangrijker, veel vrije tijd of veel geld?
c Wat vind je belangrijker, reizen of veel met je vriend(in) doen?
d Wat vind je belangrijker, je baan of je partner?

b Wat doe je liever? *What would you rather do?*

Give your preferences by answering the following questions following the example:

> **Werk je liever door, of ga je liever naar huis?**
> *Ik ga liever naar huis.*

a Ga je liever naar het theater, of ga je liever naar de kroeg?
b Ga je liever naar de stad, of blijf je liever thuis?
c Werk je liever drie of vijf dagen per week?
d Ga je liever op vakantie met de motor of met de auto?

▶ Activiteit 2 Vind je dat een probleem?
Do you think that's a problem?

Your partner is planning on moving in with you. It's a big step, so (s)he is checking with you to see if there are going to be any problems. (S)he is telling you about his/her habits and asks whether you think these will be a problem. Give an (honest!) answer. For example:

> **Ik kom vaak laat thuis. Vind je dat een probleem?**
> *Ja, dat vind ik een probleem. / Nee, dat vind ik geen probleem.*

a Ik klets veel. Vind je dat een probleem?
b Ik ga vaak naar de kroeg. Vind je dat een probleem?
c Ik heb veel vrienden. Vind je dat een probleem?
d Ik werk vaak over. Vind je dat een probleem?
e Ik heb geen riant salaris. Vind je dat een probleem?

Activiteit 3

Look at the chart.

You can see the names of four people with some information about them (the things they do, their likes/dislikes, etc.). In each case, pretend that you're that person and give their likes and dislikes. You will find a lot of examples of how to phrase things in the two texts, but also in previous units. For example:

Jolijn: Ik ga vaak uit en ik hou niet van werken. Ik hou wel van muziek. Ik heb geen partner.

NB The answers in the key are only examples.

Jolijn	goes out a lot	doesn't like her job	loves music	doesn't have a partner
Pieter	works 4 days a week	likes beer	has a girlfriend	goes on holiday 3 times a year
Marjan	works late a lot	likes travelling	collects shoes	doesn't like red wine
Eelco	travels a lot	likes his job	chats a lot at work	doesn't like going to the theatre

▶ Sterrenbeelden *Star signs*

Here are descriptions of the 12 signs of the zodiac or star signs. As you can see, the Dutch names refer literally to the actual signs (*Taurus* is literally called the bull, **Stier**). Read the descriptions, using the vocabulary provided, to try and get a sense of the different character traits that people can have.

Ram 21 maart–20 april

Een Ram is jaloers, bazig en koppig, maar ook dynamisch en direct. Een Ram reageert snel op situaties. De Ram is een pionier. Rammen zijn geboren leiders. De Ram houdt van uitdagingen en wil altijd in alles de beste zijn.

bazig	*bossy*	**koppig**	*headstrong*
reageert ... op	*reacts to*	**geboren leiders**	*born leaders*
uitdagingen	*challenges*		

Stier 21 april–21 mei 🐂

De Stier is nonchalant, jaloers en soms te romantisch. Maar de Stier is ook vriendelijk, tactvol en goedaardig. Je kunt op Stieren bouwen. De Stier heeft een positieve invloed op het leven van anderen want hij is sereen en heeft innerlijke rust. Soms is de Stier traag en loom.

jaloers	*jealous*	romantisch	*romantic*
tactvol	*tactful*	goedaardig	*good-hearted*
invloed	*influence*	innerlijke rust	*inner peace*
traag	*slow*	loom	*sluggish*

Tweelingen 22 mei – 21 juni 👬

De Tweelingen bekritiseert vaak alles en is soms ondankbaar. De Tweelingen kan ook flexibel zijn, sympathiek en expressief. Tweelingen irriteren andere mensen vaak want ze veranderen vaak van mening. Toch zijn Tweelingen lief, zorgzaam en soms bijna moederlijk.

bekritiseert	*criticize*	ondankbaar	*ungrateful*
irriteren	*irritate*	veranderen ... van mening	*change opinion*
toch	*nevertheless*		
zorgzaam	*caring*	moederlijk	*motherly*

Kreeft 22 juni–23 juli 🦞

Sommige Kreeften zijn humeurig en erg jaloers, maar Kreeften kunnen ook geduldig, gevoelig en romantisch zijn. Een Kreeft houdt van het familieleven, en heeft een moederlijk instinct. Kreeften zijn huiselijk en gezellig. De Kreeft is het meest emotioneel van alle sterrenbeelden.

humeurig	*moody*	geduldig	*patient*
gevoelig	*sensitive*	familieleven	*family life*
huiselijk	*homely*	gezellig	*fun to be around*

Leeuw 24 juli – 23 august 🦁

Een groot ego, extravagant en verkwistend, dat zijn de negatieve karaktertrekken van de Leeuw. Maar Leeuwen zijn ook integer en creatief. De Leeuw heeft ook veel zelf-vertrouwen. Leeuwen adoreren hun kinderen en brengen het goede in het kind naar boven. Zij zijn enorm gevoelig maar hebben de neiging te domineren.

verkwistend	*wasteful*	karaktertrekken	*characteristics*
integer	*honest/honourable*	zelfvertrouwen	*self-confidence*
adoreren	*adore*	brengen ... naar boven	*bring out ...*
neiging	*tendency*	domineren	*dominate*

Maagd 24 august–23 september ♍

Maagden zijn egoïstisch en geven altijd kritiek. Misschien is dat het gevolg van gebrek aan zelfvertrouwen. De positieve karaktereigenschappen van de Maagd zijn: ijverig en liefhebbend. Maagden bezitten meer dan andere sterrenbeelden het talent om te kunnen analyseren.

egoïstisch	*selfish*	het gevolg	*the result*
gebrek aan	*a lack of*	karaktereigen- schappen	*characteristics*
ijverig	*industrious*	liefhebbend	*loving*
bezitten	*to possess*	analyseren	*analyse*

Weegschaal 24 september–23 oktober ♎

De Weegschaal is hartelijk en onweerstaanbaar. Aan de negatieve kant is de Weegschaal pretentieus, koel en veeleisend. Het gevoel voor harmonie bij de weegschalen trekt vele mensen aan in privé-, maar ook in zakelijke relaties. De Weegschaal kan goed conflicten oplossen.

hartelijk	*warm/ affectionate*	onweerstaanbaar	*irresistible*
pretentieus	*pretentious*	koel	*cold*
veeleisend	*demanding*	trekt... aan	*attracts ...*
privé/zakelijke relaties	*private/business relationships*	oplossen	*solve*

Schorpioen 24 oktober–22 november ♏

De Schorpioen heeft een spirituele kijk op de zaken en is eerlijk. Wat de negatieve karaktereigenschappen betreft, is hij/zij fanatiek en jaloers. De Schorpioen heeft affectie nodig, maar is ook bereid hard te werken (vooral om geld te verdienen).

een spirituele kijk	*a spiritual view*	de zaken	(here:) *things*
wat ... betreft	*as far as ... goes*	fanatiek	*fanatical*
heeft ... nodig	*needs*	affectie	*affection*
bereid	*prepared*	geld verdienen	*to earn money*

Boogschutter 23 november–21 december 🏹

De Boogschutter is vaak onzorgvuldig en kleinzielig, maar ook optimistisch, filosofisch en joviaal. De Boogschutter combineert intellect met fysieke kracht en energie, en neemt vaak risico's. Boogschutters vinden het saai om op alle details te letten, en hebben een geweldig gevoel voor humor.

onzorgvuldig	*careless/sloppy*	kleinzielig	*small-minded*
filosofisch	*philosophical*	fysieke kracht	*physical strength*
neemt vaak risico's	*often takes risks*	saai	*boring*
op details letten	*pay attention to detail*	geweldig gevoel voor humor	*terrific sense of humour*

Steenbok 22 december–20 januari 🐏

Steenbokken kunnen koud en star zijn. Aan de positieve kant zijn ze gedisciplineerd, verantwoordelijk en betrouwbaar. Er zijn twee soorten Steenbokken: het eerste type is praktisch, ambitieus en geduldig. Het tweede type geeft graag leiding, is huiselijk en kan koud en pessimistisch zijn.

star	*uncompromising*	gedisciplineerd	*disciplined*
verantwoordelijk	*responsible*	betrouwbaar	*reliable*
praktisch	*practical*	geduldig	*patient*
geeft graag leiding	*likes to lead others*		

Waterman 21 januari–19 februari ♒

Het sterrenbeeld Waterman is vindingrijk, intuïtief en sociaal. Maar de Waterman kan ook koppig en excentriek zijn. Veel Watermannen vinden hun privacy belangrijk maar zijn wel vriendelijk en staan altijd voor anderen klaar. De Waterman is een echte optimist en een fantastische vriend.

vindingrijk	*inventive/ resourceful*	sociaal	*socially minded*
staan voor anderen klaar	*are there for others*		

Vissen 20 februari – 20 maart 🐟

Vissen zijn gevoelig maar ook besluiteloos. Het sterrenbeeld Vissen is graag een martelaar. Vissen hebben een liefhebbende en symphatieke persoonlijkheid, maar hebben veel manieren om hun kwetsbaarheid en sentimentaliteit te camoufleren. Vissen zijn goede en liefhebbende ouders.

besluiteloos	*indecisive*	martelaar	*martyr*
sympathieke	*sympathetic*	manieren	*ways*
kwetsbaarheid	*vulnerability*	camoufleren	*disguise/ camouflage*

Activiteit 4 Karaktereigenschappen
Characteristics

Look up your own star sign and decide whether your personality matches the characteristics given. Say which characteristics match and which don't, by following the examples. For instance:

Ik ben een echte Waterman want ...   **ik ben vindingrijk.**
I'm a real/true Aquarius because ... I'm inventive/resourceful.

Ik ben geen echte Maagd want ... ik ben niet egoïstisch.
I'm not a real/true Virgo because ... I'm not selfish.

NB Try this with some friends or members of your family as well. For instance:

Hij/zij is een echte Boogschutter want hij/zij is altijd erg optimistisch.

Activiteit 5

a wel You can use **wel** to emphasize a certain point and to indicate that something is the case, whereas something else wasn't. In English there is no special word to use here, but you change the tone of your voice. The example will make this clear:

a Ik ben geen echte Ram.	*I am not a real Aries.*
b Ik ben wel een echte Ram.	*I am a real Aries.*

In fact, b could also simply have answered:

Ik wel.	*I am.*

Now reply to the following statements, using **wel**. (Answer with **ik**.) For example:

Ik ben niet egoïstisch.	*I am not selfish.*
Ik ben wel egoïstisch.	*I am selfish.*

(Answer in full sentences, even though **Ik wel** would suffice in most cases.)

a Ik ben niet filosofisch.
b Zij houdt niet van humeurige mensen.
c Hij is geen geboren leider.
d Zij gaan niet op vakantie in de zomer.
e Jij hebt geen auto.
f Ik ben vaak niet veeleisend genoeg (*enough*).

b niet and wel **Wel** is often used with its opposite **niet** (or **geen**). Using **wel** and **niet**, and looking at the character traits given in the various star signs, make up a list of characteristics that you do or don't possess. Make some five pairs, following the examples:

Ik ben niet bazig maar wel koppig.	*I am not bossy but I am headstrong.*
Ik ben niet kleinzielig maar wel veeleisend.	*I am not small-minded but I am demanding.*

Activiteit 6 Ideaal *Ideal*

Having taken stock of the character traits that you possess (or not), think of what you are looking for in a partner (present or future). Make up a list of as many characteristics as you can think of, again following the example:

Hij/zij moet geduldig zijn.	*He/she must be patient.*
Hij/zij moet een goed gevoel voor humor hebben.	*He/she must have a good sense of humour.*

13

typisch Nederlands

typically Dutch

In this unit you will learn
- about a few Dutch traditions
- how to talk about the present including the past
- how to recognize and use various little words frequently used in speech
- how to give reasons
- how to use more complex language

▶ Dialoog 1

Een vraaggesprek met Steve Barton uit Engeland voor een website over buitenlanders die in Nederland werken.

Interviewer	Hoelang werkt u al in Nederland?
Steve	Ik werk hier nu drie jaar. Eerst had ik allerlei baantjes als schoonmaker, assistent-kok, en later als kelner in een restaurant. Maar ik werk nu alweer twee jaar bij een groot telecommunicatiebedrijf.
Interviewer	Waarom werkt u in Nederland?
Steve	Ik heb een Nederlandse vrouw. Dat is een belangrijke reden natuurlijk. Maar ik woon hier ook omdat ik het hier gewoon naar mijn zin heb.
Interviewer	Wat vindt u nu typisch Nederlands?
Steve	De werksfeer is hier heel anders. De sfeer is heel open. Mensen vertellen elkaar precies wat ze denken. Ze zijn erg direct.
Interviewer	Vindt u dat een voordeel of een nadeel?
Steve	Aan de ene kant is het wel goed, natuurlijk. Je krijgt vaak directe kritiek. Dat leidt soms tot een betere communicatie. Maar ik moet er toch nog steeds aan wennen, hoor. Soms vind ik de mensen te direct. Het is dan bijna onbeschoft.

het vraaggesprek	*interview*
de buitenlander	*foreigner*
allerlei baantjes	*all kinds of small jobs*
de schoonmaker	*cleaner*
de kelner	*waiter*
alweer	*already*
de reden	*reason*
gewoon	*just*
omdat	*because*
ik heb het hier naar mijn zin	*I like it here*
typisch	*typically*
de sfeer	*atmosphere*
precies	*exactly*
het voordeel	*advantage*
het nadeel	*disadvantage*
aan de ene kant	*on the one hand*
kritiek krijgen	*receive criticism*
leiden tot	*lead to*

steeds	*still*
er aan wennen	*to get used to*
te direct	*too direct*
bijna	*almost*
onbeschoft	*rude*

Activiteit 1

First read through the interview with Steve (and listen to it if you have the recording) and make sure you understand what is being said. Then read the interview out loud, until you are familiar with all the new words.

🛈 1 Typisch Nederlands

There are many stereotypical ideas about Dutch cultural identity and mentality. Most of these are exactly that, of course, stereotypes. Whether there seems to be a grain of truth in them depends to some extent on the particular area (regional, professional or otherwise) you happen to get to know in the Netherlands. But, of course, your own cultural background is also important in whether you would confirm these stereotypes or not. The Dutch themselves seem to be quite fond of discussing issues of stereotypical Dutch mentality and identity. There are certainly plenty of books available which point out all the characteristics which are 'typically Dutch'.

2 Too direct?

Despite the fact that we always need to be careful about reaffirming stereotypical views, it seems fair to say that many British and American people are a little taken aback when confronted with the very direct style of communication that many Dutch people seem to employ. This directness shows itself in various ways. One of these is the seeming lack of niceties in communication, such as not acknowledging the validity of someone else's opinion before categorically expressing disagreement with it, or coming straight to the point in a request rather than gradually leading up to it. People tend to say what they think quite openly, and to criticize directly. On the whole, communication in the Netherlands has a general sense of 'not beating about the bush'. This tends to be the case in the whole of the Netherlands, but certainly much less so in Flanders.

Language use

Gewoon, hoor, natuurlijk *Naturally, of course*

Words like **gewoon** and **hoor** belong to that category of little words which change the meaning subtly and also make you sound more authentic.

Gewoon can show (although there are different usages) that the speaker thinks that what s/he is saying is an obvious fact or a *fait accompli*.

Het is gewoon zo.	*It just is like that.*
Ik heb het hier gewoon naar mijn zin.	*I just like it here.*

Hoor was used in the dialogue at the start of this unit to emphasize the message:

Ik moet er nog aan wennen, hoor.	*I still have to get used to it.*

Sometimes **hoor** is used to reassure the listener:

Het is oké, hoor.	*It is OK, don't worry.*

Natuurlijk means *of course* or *naturally*. It can be used, as in the interview, to show that something is a fairly obvious observation:

Dat is een belangrijke reden natuurlijk.	*That is an important reason, of course.*

But **natuurlijk** differs from **gewoon** in that in using it, you assume the listener agrees with you, for example:

Ik ga natuurlijk Nederlands leren.	*I'm going to learn Dutch, of course.*
Ik ga gewoon Nederlands leren.	*I'm just going to learn Dutch.*

Natuurlijk differs from **hoor** in that **natuurlijk** sounds a little bit more patronising or urgent, whereas using **hoor** is a way of giving friendly advice, for example:

Je moet natuurlijk je excuses aanbieden.	*You've got to apologize, of course.*
Je moet je excuses aanbieden, hoor.	*You've got to apologize, you know.*

▶ Activiteit 2

Complete the following sentences, using **gewoon, hoor** or **natuurlijk** as appropriate. You can use the recording to listen to the tone of voice.

a Your boyfriend is going on a three-day break with the lads, and you remind him in a friendly way that he must phone you:

Je moet me wel bellen, _____.

b He has forgotten to phone you before on these occasions, so this time you remind him with greater urgency:

Je moet me wel bellen, _____.

c You tell your junior colleague not to worry about the fact that the door to your office is often closed and to just walk in:

Je moet _____ naar binnen lopen, _____.

d The door to the secretary's office is always closed and she doesn't like it when you just walk in. She reminds you to knock first:

Ja, je moet wel even aankloppen, _____.

e You encourage your friend to be decisive and go ahead with her plan. After all, it's not a big deal:

Je moet het _____ doen.

f You strongly advise your friend to go ahead with it:

_____ moet je het doen.

Language structures

Nu, al *Already*

If you say in English that you have been doing something for a certain period of time, you use a perfect tense (the present perfect or the present perfect continuous): *I have been working here for three years.* In Dutch, however, you just use the present tense: **Ik werk hier nu drie jaar.** You talk about this time period which started in the past as if it is happening now – the past automatically included. But you must include one of these words: **al, pas, nu.** Which of these you use depends on whether you want to show that it is already a fairly long time in your view (**al**), a short time (**pas**) or neither (**nu**). Note that **nu** can also be combined with **al** and sometimes with **pas**.

Time

Here are a few other time-related words:

singular	plural	
minuut	minuten	*minute(s)*
week	weken	*week(s)*
maand	maanden	*month(s)*
dag	dagen	*day(s)*
uur	uur	*hour(s)*
jaar	jaar	*year(s)*

NB Even though the words **uur** and **jaar** have a plural form: **uren** and **jaren**, you will generally use the singular forms of these words, for example:

Claire zit al vier **jaar** op ballet.   *Claire has been going to ballet classes for (as long as) four years now.*

Ik heb nog twee **uur** om dit af te maken.   *I've still got two hours to finish this.*

Activiteit 3

Complete these mini-dialogues using the information given in brackets. For example:

Hoelang werk je nu in Nederland? (*2 weeks and you think that's a short time*)

Nog maar net. Ik werk hier _____.

→ **Nog maar net. Ik werk hier pas twee weken.**

a Hoelang sta je al op me te wachten? (*10 minutes and you think that's a long time*)
Daar ben je eindelijk. Ik sta hier _____.
b Hoelang zijn we nu samen? (*3 years, 5 months and 23 days, to be exact. You are fairly neutral about this*)
We zijn _____ samen, om precies te zijn.
c Hoelang leer je al Nederlands? Je spreekt 't al zo goed. (*2 years, neutral*)
Dank je. Ik spreek _____ Nederlands.
d Hoelang woon je hier al? (*8 months, not a long time*)
Niet zo lang, hoor. Ik woon _____.

e Moet jij niet werken? Hoelang zit je hier nu al koffie te drinken? (*only 2 hours*)

Eh ... ik zit hier _____. Ik heb zeeën van tijd.

nog maar net	*only just!*
daar ben je eindelijk	*finally, you've arrived*
samen	*together*
om precies te zijn	*to be exact*
niet zo lang	*not that long*
zeeën van tijd	*plenty* (literally: *oceans*) *of time*

Language structures

Omdat *Because, in order to*

When you use the word **omdat** to answer a 'why' question, something happens to the word order. Look at these sentences:

Ik **heb** het hier naar mijn zin.   *I enjoy it here.*

But: Waarom woon je in Nederland?
    Omdat ik het hier naar mijn zin **heb.**

In the last sentence, the main verb **heb** moved to the end of the sentence (or clause). Now look at these examples:

Ik **wil** hier werk zoeken.   *I want to look for work here.*

But: Waarom woon je in België?
    Omdat ik hier werk **zoeken wil.**

The sentence in this last example has two verbs: **wil** and **zoeken.** However, only the main verb, in this case **wil**, moves to the end of the sentence. Any other verbs stay in the same place.

NB At this stage, you don't have to worry about the intricacies of this. But if you are interested in finding out why the word order changes and in what other situations this might happen, we recommend that you look in a grammar book such as *Teach Yourself Dutch Grammar*.

Activiteit 4

Answer the following 'why' questions, using the information in brackets.

For example:

Waarom woon je in Vlaanderen? (Ik werk hier)

Omdat ik hier werk.

a Waarom draag je altijd zwart? (*Ik hou van zwart*)
  Omdat _____.
b Waarom ga je niet met me mee vanavond? (*Ik heb geen tijd*)
  Omdat _____.
c Waarom leer je Nederlands? (*Ik wil in Nederland wonen en werken*)
  Omdat _____.
d Waarom lees je dat ingewikkelde boek? (*Ik heb een uitdaging nodig*)
  Omdat _____.
e Waarom stop je er niet mee? 't Is al laat. (*Ik moet dit voor morgen afmaken*)
  Omdat _____.
f Waarom ga je nu al naar huis? (*Ik voel me ziek*)
  Omdat _____.
g Waarom mag je Trevor niet? (*Hij is zo arrogant*)
  Omdat _____.

dragen	*to wear*
ingewikkeld	*complicated*
uitdaging	*challenge*
er mee stoppen	*to stop (with it)*
iemand niet mogen	*not to like someone*

Activiteit 5

You are being interviewed for a radio programme about foreigners living in the Netherlands.

a First, look at this table to make sure you understand all the information given about these people.

persoon en land	eerst had hij/zij allerlei baantjes als ...	hij/zij werkt nu alweer ... jaar als ...	hij/zij werkt in Nederland omdat ...	hij/zij vindt ... typisch Nederlands
Jeff Drummond uit Amerika, 7 jaar in Nederland	winkelbediende en bloembollen peller	6 jaar als accountant	zijn grootouders komen uit Nederland en hij heeft hier familie	de werksfeer. Iedereen is gelijk en mag of moet meebeslissen over alles. Managers zijn absoluut niet arrogant
An van Damme uit België, 10 jaar in Nederland	serveerster in een bar, ze deed ook een opleiding voor verpleegster	8 jaar als verpleegster in een ziekenhuis	ze is getrouwd met een Nederlander	de rol van vrouwen is een beetje traditioneel. Veel vrouwen met kinderen zijn gewoon thuis
Tobias Johansson uit Zweden, 3 jaar in Nederland	als verhuizer en barkeeper	1 jaar als project-manager van culturele projecten	hij heeft een Nederlandse vriendin	er is veel aandacht voor cultuur. Veel mensen gaan naar musea en concerten
Anette Meineke uit Duitsland, 2 jaar in Nederland	schoonmaakster	anderhalf jaar als homeopaat	ze vindt het gewoon een leuk land	de gezelligheid. Lekker koffie drinken enzo en je verjaardag vieren

bloembollenpeller	*sheller of bulbs (a seasonal job in the bulb fields of Holland)*
grootouders	*grandparents*
meebeslissen	*to take part in decision making*
gelijk	*equal*
serveerster	*waitress*
deed een opleiding voor ...	*followed a course for/in ....*
getrouwd met	*married to*
de rol	*role*
thuis	*at home*
verhuizer	*removal man*

aandacht voor	attention given to
schoonmaakster	cleaner (female)
anderhalf	one and a half
en zo	and that kind of thing, etc. (informal)
je verjaardag vieren	to celebrate your birthday

b Now play the role of Jeff Drummond and complete the interview, using the information given in the table to fill the gaps. Look at the interview at the start of this unit again to see how Steve answered these questions. Note that you will have to change some things such as the form of the verbs, **zijn** *(his)* will have to become **mijn** *(mine)*, etc. Also note the position of the verb when you use **omdat**.

▶ Interview 1

Interviewer	U bent Jeff Drummond uit Amerika?
Jeff	Ja dat klopt.
Interviewer	En hoe lang werkt u nu al in Nederland?
Jeff	Ik werk hier al zeven jaar. Eerst had ik allerlei baantjes als _____. Maar ik werk nu alweer _____.
Interviewer	Waarom werkt u in Nederland?
Jeff	Ik werk hier omdat _____.
Interviewer	Wat vindt u nu typisch Nederlands?
Jeff	De werksfeer is hier heel anders. Iedereen is gelijk. En iedereen mag of moet _____.

▶ Interviews 2, 3 and 4

c Now conduct the interviews with An van Damme, Tobias Johansson and Anette Meineke. If you can do this with another student or native speaker, so much the better. If not, play the role of the interviewees. The questions for the interviewer are as follows:

Interviewer	U bent ...
You	_____.
Interviewer	En hoe lang werkt u nu al in Nederland?
You	_____.

Interviewer	Waarom werkt u in Nederland?
You	_____ .
Interviewer	Wat vindt u nu typisch Nederlands?
You	_____ .

NB The interviews are printed in the key but on the recording you will hear added details to make the interviews sound as authentic as possible. When you have finished the exercise, listen to the recording to hear how the interviews might have been conducted.

▶ Dialoog 2

Marge is bij Jolanda op de koffie. *Marge is having coffee at Jolanda's.*

Jolanda	Goh, Marge, hoe voelt dat nou, je laatste dag in Nederland?
Marge	Nou, wel een beetje triest, hoor. Ik zal veel dingen missen.
Jolanda	O ja? Zoals?
Marge	Die gesprekjes met jou, natuurlijk.
Jolanda	Nou, ik ook hoor.
Marge	En ... eh ... het fietsen natuurlijk. Al die fietspaden overal. Echt heerlijk, overal veilig kunnen fietsen.
Jolanda	Mmm, wat nog meer?
Marge	Tjsa ... typisch Nederlandse dingen, zoals sinterklaas en koninginnedag en ... eh, ja, de gezellige sfeer van ... eh bij vrienden op de koffie gaan en zo.
Jolanda	Mmm, ja, dat kennen jullie niet, hè, sinterklaas? Maar wat vind je nou eigenlijk van de Nederlanders zelf?
Marge	Tja ... iedereen is anders natuurlijk.
Jolanda	Ja, uiteraard. Maar zeg nou eens eerlijk? Vind je de Nederlanders nou erg tolerant en progressief, of juist niet?
Marge	Nou nee, eigenlijk niet.

op de koffie	*to visit someone for a coffee*
voelen	*to feel*
laatste dag	*last day*
triest	*sad*
zoals	*such as*
fietspad	*cycling path*
echt heerlijk	*really wonderful*

overal	everywhere
veilig	safe
wat nog meer?	what else?
tsja ...	well ...
iedereen	everyone
anders	different
uiteraard	obviously
zeg nou eens eerlijk	be honest
of juist niet?	or the opposite?

Activiteit 6

Read Dialogue 2 several times until you understand what is being said. You will need to read the culture notes later in this unit on **sinterklaas, koninginnedag** and **gezellig**. If you have the recording, listen to the dialogue as well; it will give you an idea of the tone, rhythm and conversational patterns of everyday speech.

Activiteit 7

Compare Dialogue 2 with the interview at the beginning of the unit. Before you read the following **Language use**, compare the differences in the way the speakers use the language.

Language use

In an interview, the idea is to get information from the interviewee so the questions are direct and explicit and, with a bit of luck, so are the answers. Consequently, sentences are usually fully formed and contain a subject, at least one verb and frequently an object as well. Check the **Grammar summary** if you find these terms a bit confusing. In the conversation, although Jolanda asks a few direct questions, a lot of what is said consists of short phrases, bits of sentences with no verb at all and lots of exclamations such as **nou, tsja, goh, hoor** and **hè**.

Activiteit 8

a If you have the recording, listen to Dialogue 2 again. What feeling do you think the word **goh** adds to the first question?

b The word **nou** is used many times in the conversation. Do you think it means the same thing each time? Before you read **Language use** that follows, see whether you can work out what the meanings and uses could be.

Language use

Nou *Come on!, exactly, actually ...*

The different uses of this little word are almost too many to list:

- To encourage or invite an answer:

  Hoe voelt dat nou?   *Come on, tell me how it feels.*

  Wat vind je nou eigenlijk van   *And, what do you think*
  de Nederlanders?   *about the Dutch?*

  Zeg nou eens eerlijk?   *Come on, be honest!*

- At the start of a sentence it can have the same function as *well*:

  Nou, wel een beetje triest, hoor. *Well, a bit sad, really.*

- To express strong agreement:

  Nou, ik ook!   *Yes, definitely! Me too.*

- To soften disagreement:

  Nou nee, eigenlijk niet.   *Well actually, no (I don't).*

▶ Activiteit 9

What is the function of **nou** in the following sentences? Listen to the recording to get an idea of the tone of voice.

a Kom nou, ga nou mee!
b Hoe doe je dat nou?
c Nou nee, dat vind ik niet.
d Nou, eerst gaan we lekker winkelen en dan gaan we lekker een kopje koffie drinken.
e Nou zeg, dat vind ik ook.

This is sometimes mistakenly called the Dutch Christmas, but it is actually the other way round. The Dutch celebration of St Nicholas Day, on the evening of 5 December, has influenced the Anglo-Saxon tradition of Father Christmas (in the UK), or Santa Claus (in the USA). **Sint Nicolaas**, more commonly called **Sinterklaas**, or **de Sint** for short, arrives, dressed in traditional bishop regalia, late November every year in the Netherlands and Flanders by steamboat from Spain. He is accompanied by a large number of black helpers, dressed in 15th-century Moorish costumes, who are all called **zwarte Piet**. There is a minor sense of unease about the slightly racist overtones in the relationship between Sinterklaas and his black assistants, but most people tend to ignore this, as they do not want this very strong tradition to be marred by feelings of political correctness.

There are various cultural traditions surrounding this event, from special songs – **sinterklaasliedjes** – to special cakes and sweets such as **speculaas** (a kind of ginger biscuit) and **chocoladeletters** (letters made from chocolate). Families celebrate **Sinterklaasavond** by giving each other presents, each of which is accompanied by a small rhyme, **een gedichtje**, which tends to tease the receiver or point out his or her weaknesses, although the latter is always done in a good-humoured way. These rhymes have to be read out in front of everyone. Generally they are not great poetic achievements, but that is part of the fun; a present without a **gedichtje** is really not the same. Sometimes groups of friends or colleagues may choose to celebrate Sinterklaas together. In this case the accompanying rhyme is more important than the actual present.

Traditionally, at Christmas there is no exchange of presents.

▶ Tekst 1

Sinterklaasliedje *Sinterklaas song*

Read this typical **Sinterklaasliedje** and, if you have the recording, sing along with the Dutch speakers:

> Sinterklaasje kom maar binnen met je knecht
> en we zitten allemaal even recht.
> Misschien hebt u nog even tijd
> voordat u weer naar Spanje rijdt.
> Kom dan nog even bij ons aan
> en laat uw paardje maar buiten staan.
> En we zingen en we springen
> en we zijn zo blij
> want er zijn geen stoute kinderen bij.
> En we zingen en we springen
> en we zijn zo blij
> want er zijn geen stoute kinderen bij.

knecht	*servant*
zitten ... recht	*to sit up straight*
misschien	*perhaps*
nog even tijd hebben	*to have a moment*
voordat	*before*
rijdt	*ride*
bij ons aankomen	*to drop by (at our house)*
paardje	*horse (diminutive)*
springen	*to jump (up and down)*
blij	*happy, pleased*
stout	*naughty*

Tekst 2

Gedichtje *A little poem*

Just before Marge went back to England, Jolanda and Marge celebrated Sinterklaas together with their respective families. Jolanda gave Marge a book about typical Dutch habits as a present and, because they had often been teasing one another about their national stereotypes, she wrote the following rhyme to accompany her gift:

Lieve Marge

We hebben veel gedaan, wij samen;
een Nederlandse en een Engelse dame.
Al moest je even wennen aan onze manieren,
bijvoorbeeld hoe wij verjaardagen vieren.
Je bent zo netjes en beleefd
dus weet je wat de Sint je daarom geeft?
Een boek over de Nederlandse aard
Wat veel Nederlandse gewoontes verklaart.
Sint geeft je nu een goede raad
nu je weer naar Engeland gaat.
Zeg toch altijd gewoon wat je denkt
vooral als je je onder Nederlanders mengt.

Sint en Piet

de dame	*woman, lady*
al	*although*
moest	*had to*
manieren	*manners, ways*
netjes	*respectable*
beleefd	*polite*
daarom	*because of that*
de aard	*character*
gewoontes	*customs*
verklaart	*explains*
de raad	*advice*
je mengen onder	*to mix with*

▶ Activiteit 10

Listen to Marge who has to read this rhyme out loud. Read it
out yourself trying to get the right intonation and rhythm.

▶ Activiteit 11

Read the following rhyme which accompanied the two presents
Dennis received from Sint and Piet.

Lieve Dennis

Een kadootje van de Sint,

omdat hij jou zo aardig vindt.

Het ene kado geeft licht,

het andere is slecht
voor je gewicht.

Maar dat mag hem niet
hinderen,

want het is feest voor alle
kinderen.

Sint en Piet

kado(otje)	(small) present
het ene .... het andere	one of them ... the other one ...
geeft licht	gives light
slecht	bad
het gewicht	weight

Now try to guess which of the following presents Dennis received:

a

een fles zonnemelk
(*a bottle of suntan lotion*)

b

een fles wijn

c

een rugzak

d

een chocoladeletter
(*a chocolate letter*)

e

een CD

f

een koffer
(*a suitcase*)

g

een kaars

h

sokken

▶ Activiteit 12

You have been asked to participate in the Sinterklaas celebration at work. Names were allocated secretly and you have to get a present for Andrew, whom you quite like, but you are annoyed about the fact that he is often late.

Make a poem for Andrew out of these jumbled-up sentences.

a Sint denkt
b Dat is niet leuk voor anderen,
c Zodat je voortaan niet in je bed blijft liggen dromen
d dus je moet je gedrag veranderen.
e Andrew, je bent wel een aardige vent,
f en je nooit meer te laat hoeft te komen.
g Het wordt hoe langer hoe gekker
h behalve dat je vaak te laat bent.
i Sint geeft je daarom een mooie wekker.

Sint en Piet

anderen	others
voortaan	from now on
dromen	to dream
het gedrag	behaviour
veranderen	to change
de vent	bloke
nooit	never
hoeft	need
hoe langer hoe gekker	from worse to worse
behalve	except
de wekker	alarm clock

ℹ **Koninginnedag** *The Queen's Birthday*

This day, originally to celebrate the Queen's birthday, takes place on 30 April. But the meaning of **koninginnedag** is now for most people synonymous with the **vrijmarkt**. This is a 'free market', held in many towns, which means that anyone can set up a stall in designated streets, frequently in the town centres.

People spread out a cloth on the street and sell homemade food, handmade crafts, or just their old junk. In Amsterdam, the **vrijmarkt** has taken on a real festival atmosphere, with many people setting up stalls, making music or performing street theatre.

Gezellig *'Typically Dutch'*

This is a word which is frequently used and one of the concepts frequently said to be 'typically Dutch'. The translation, *cosy*, only partly conveys the meaning of the concept. The word **gezellig** does not necessarily evoke images of intimate and warm environments with roaring fires; it can also be **gezellig** in a large minimalist loft environment when friends get together and there is a sense of belonging, acceptance and enjoying oneself. It can even be **gezellig** at the office, if there is a good, open atmosphere between colleagues.

▶ Cultural knowledge quiz

To finish *Teach Yourself Beginner's Dutch*, here is a quiz to test the cultural knowledge of the Netherlands and Flanders that you have learnt throughout the course.

a How do you buy your beer in the supermarket if you want to buy 24 bottles at a time? In a **pak**, a **fles**, a **krat** or a **kuipje**?

b What are the chocolate hundreds and thousands that Dutch people put on their bread called?

c What is the Dutch word for paying by swiping your bank card in the little machine found at supermarket checkouts?

d What do you call the extra charge you pay on glass bottles?

e What is the reason for this charge?

f How do you ask for chips with mayonnaise in Dutch?

g What do you call chips with mayonnaise, tomato ketchup and onions?

h Where do you go to buy chips in Flanders?

i What do you call the little cabins you can rent at some campsites?

j Which two expressions can you use to answer the phone?

k What is the name of the 200-kilometre ice skating tour in Friesland?

l What is the name of the traditional café dish which consists of fried eggs, tomatoes, ham and gherkins on slices of bread?

m What do you say in Dutch when you wish someone *'bon appetit!'*?

n What are the local tourist offices in the Netherlands called?
o What is the name of the activity referred to as 'mud walking' in English?
p And where can you do this?
q When is **Sinterklaas** celebrated?
r When is **koninginnedag** celebrated?

Congratulations on completing Teach Yourself Beginner's Dutch!

If you have enjoyed working your way through *Teach Yourself Beginner's Dutch* and want to take your Dutch further, why not try the later units of *Teach Yourself Dutch*? You should find this course ideal for building on your existing knowledge and improving your listening, reading and writing skills.

We are always keen to receive feedback from people who have used our course, so why not contact us and let us know your reactions? We'll be particularly pleased to receive your praise, but we should also like to know if you think things could be improved. We always welcome comments and suggestions and we do our best to incorporate constructive suggestions into later editions.

You can contact us through the publishers at:

Teach Yourself Books, Hodder Headline Ltd, 338 Euston Road, London NW1 3BH.

Succes! *Good luck!*

Gerdi Quist and Dennis Strik

taking it further

As you become more confident using Dutch you may feel that you'd like some more practice or that you'd like to have a look at different kinds of text and material available in Dutch. The internet is a wonderful tool for tapping into original Dutch language in all sorts of different areas of everyday – and not so everyday! – life. The following list contains a number of Dutch (.nl) and Flemish (.be) websites which you might find useful, helpful and/or interesting.

Media

http://www.volkskrant.nl
http://www.nrc.nl
http://www.telegraaf.nl
http://www.destandaard.be
http://www.tijd.be/nieuws
http://www.rnw.nl
http://www.nu.nl

Tourism

http://www.anwb.nl
http://www.vvv.nl
http://www.vtb-vab.be
(see also the Amsterdam/Antwerp websites listed below)

National / local authorities

http://www.postbus51.nl
http://www.amsterdam.nl
http://www.vlaanderen.be
http://www.antwerpen.be

Reading in Dutch is a good way of building up your vocabulary. You can start with children's books, some of which come accompanied by cassettes or CDs, which give you added listening practice. Both in the Netherlands and in Flanders there are specialist children's bookshops in larger towns where you can get advice.

If you would like to find out more about Dutch society, history and culture, we can recommend:

William Shetter, *The Netherlands in Perspective: The Dutch Way of Organizing a Society and its Setting.* Utrecht: Nederlands Centrum Buitenlanders, 1997.

key to the exercises

Unit 1

1 a Dit is Tom Peters. Hij is docent. Hij spreekt Engels en Spaans. Hij woont in Utrecht. Hij helpt Allie Mitchel. **b** Dit is Leona Beke. Zij is bankassistente. Zij spreekt Engels en Italiaans. Zij woont in Amersfoort. Zij helpt Marisa Delporte. **2 a** Ik ben Karel Bos. Ik ben zakenman. Ik spreek Engels en Frans. Ik woon in Amsterdam. Ik help Jill Johnson. **b** Ik ben Tom Peters. Ik ben docent. Ik spreek Engels en Spaans. Ik woon in Utrecht. Ik help Allie Mitchell. **3 a** Ik ben Gail Boonstra. Ik ben computerprogrammeur. Ik spreek Nederlands en Engels. Ik woon in Edam. Ik werk bij een bedrijf. **b** Ik ben Ad Visser. Ik ben manager. Ik spreek alleen Nederlands. Ik woon in Zutphen. Ik werk bij/in een winkel. **4 a** ik denk, jij denkt, u denkt, hij/zij/het denkt, wij denken, jullie denken, u denkt, zij denken **b** ik drink, jij drinkt, u drinkt, hij/zij/het drinkt, wij drinken, jullie drinken, u drinkt, zij drinken. **5 a** U bent mevrouw Schipper? **b** Jij bent Wim Den Uyl? **c** Jij bent Joop Tersteeg? **d** U bent meneer Brink? **6 a** Jij bent (toch) Sara Bakker (hè)?, Jij bent (toch) verpleegster (hè)?, Jij spreekt (toch) Engels en Frans (hè)?, Jij woont (toch) in Hilversum (hè)? Jij helpt (toch) Ben Mendoza (hè)? Jij werkt (toch) in een ziekenhuis (hè)? **b** Jij bent (toch) Leona Beke (hè)? Jij bent (toch) bankassistente (hè)? Jij spreekt (toch) Engels en Italiaans (hè)? Jij woont (toch) in Amersfoort (hè)? Jij helpt (toch) Marisa Delporte (hè)? **7 a** Mevrouw Schipper woont in Amersfoort. Joop Tersteeg en Marco Cohen wonen in Leeuwarden. Meneer Brink woont in Utrecht. **b** Saskia de Boer spreekt Engels en Duits. Ruud Krol spreekt Engels en Spaans. Sietske Zwart en Mark Cohen spreken Engels en Russisch. **8 a** Hij is winkelbediende/winkelassistent. **b** Hij is tandarts. **c** Zij is studente. **d** Zij is kunstenares. **e** Hij is website-ontwerper. **f** Zij is bankassistente. **g** Hij is architect. **h** Zij is administratrice/secretaresse. **i** Hij is acteur. **9 a** Amsterdam. **b** Vlaanderen. **c** Alkmaar. **d** Den Haag. **e** Brussel. **f** Maastricht. **g** Arnhem. **h** Haarlem. **i** de Waddenzee. **j** Rotterdam. **k** Antwerpen. **l** Hilversum. **m** Groningen.

Unit 2

1 a Waar woon jij? *Ik woon in Leeuwarden.* b Waar wonen Frans en Mieke? *Zij wonen in Rotterdam.* c Waar woont Janneke? *Zij woont in Den Bosch.* d Waar werk jij? *Ik werk in Haarlem.* e Waar werkt Karel? *Hij werkt in Amsterdam.* f Waar wonen jullie? *Wij wonen in Groningen.*
2 a Waar is de w.c.? b Waar staat de koffie? c Waar zit Lieve? d Waar zit je? 3 a Wat vervelend! b Wat leuk! c Wat knap! d Wat interessant!/Wat mooi! e Wat leuk! 4 a Waar is het ziekenhuis? *Het ziekenhuis is aan de linkerkant.* b Waar is het zwembad? *Het zwembad is aan de linkerkant.* c Waar is het station? *Het station is aan de linkerkant.* d Waar is het internetcafé? *Het internetcafé is aan de rechterkant.* e Waar is het postkantoor? *Het postkantoor is aan de rechterkant.* f Waar is het wisselkantoor? *Het wisselkantoor is aan de rechterkant.* 5 a Wat doet u? *Ik ben verpleegster.* b Wat doe jij? *Ik ben advocaat.* c Wat doe jij? *Ik ben docent.* d Wat doet u? *Ik ben dokter.* e Wat doe jij? *Ik ben redacteur.*
6 a Wat drink jij? b Wat zoek jij? c Wat maak jij? d Wat schrijft u?
7 a Goedemiddag, (dag) mevrouw Dekker. Hoe gaat het? *Het gaat goed, dank u.* b Dag Henk. Hoe gaat het? (alles goed?) *Het gaat niet zo goed.* ('t kan beter) c Dag, Jan. (Hoi, Jan) Hoe gaat het? *Ach, het gaat wel.* ('t gaat, 't gaat) d Goedenavond, (dag) meneer Kok. Hoe gaat het? *Het gaat uitstekend. Dank u.* 8 a 620 876 b 932 465 c 167 598. 9 zeven, vier, twaalf, vijf, negentien, twee, acht, tien, twintig, zeventien. 10 a zeventien b negen acht zeven zes twee één c één één één negen 11 a twee plus elf is dertien b twintig min acht is twaalf c vier keer vier is zestien d drie keer vijf is vijftien e zeventien min negen is acht f zeven plus zes is dertien g achttien min vier is veertien h zes min zes is nul 12 Hoe laat is het? a Het is tien over zeven. b Het is half één. c Het is kwart over vier. d Het is kwart voor negen. e Het is vijf uur. f Het is tien over half vijf. g Het is tien voor half vier. h Het is vijf voor half zeven. i Het is tien voor tien. j Het is vijf over half elf. 13 a Ik ontbijt om kwart voor acht. b De trein vertrekt om kwart over zes. c Paula komt om half elf. d Het concert begint om kwart over zeven. e Ik eet om kwart voor zes. f Ik kom om acht uur. 14 a ga b komen c gaat d doe e doet f kom 15 a Waar is het (feest)? Hoe laat begint het feest? Wat breng jij? b Hoe heet jij? *Ik heet Paula. Waar woon jij?* Ik woon in de Weststraat. Wat doe jij? *Ik ben docent. Waar werk jij?* Ik werk in de Keizerstraat. Wat drink jij? c Dit is Mieke. Zij woont in de Breestraat. Zij is secretaresse. Zij werkt in de Kortestraat. Zij drinkt wijn.
16 a – Hallo. Hoe gaat het met je? – Goed, dank u. En met u? – Uitstekend. Wat doe jij eigenlijk? – Ik ben computerprogrammeur. U bent toch advocaat? – Ja. Hoe gaat het met [Mary]? – Goed. Ze zit in het buitenland. – Wat leuk. Wat doet ze daar? – Ze is manager van een bedrijf. b – Hoi. – Hallo, [Bram]. Alles goed? – 't Gaat, 't gaat – Wat doe jij eigenlijk? – Ik werk op een bank. En jij? – Ik ben architect. – Wat leuk! Waar zit je eigenlijk? – Oh, ik zit in Groningen, vlakbij het museum. – Wat leuk. Hoe gaat het met [Janine]? – Niet zo goed. Ze is ziek. – Wat vervelend!

Unit 3

1 NB These are examples only. Hoeveel kost de rode wijn? Hoeveel kosten de druiven? Hoeveel kost de spa blauw? Hoeveel kost een bolletje?

Hoeveel kost de belegen kaas? **2 a** Er zijn nog tweeëndertig croissants. **b** Er zijn nog honderd vijfenzeventig flessen witte wijn. **c** Er zijn nog tweehonderd negenendertig flessen rode wijn. **d** Er zijn nog vierenzestig pakken melk. **e** Er zijn nog vijfennegentig kuipjes boter. **f** Er zijn nog achtenzeventig tubes tandpasta. **g** Er zijn nog honderd zestien plastic tasjes. **h** Er zijn nog tweeëntwintig kratten pils. **3 a** Hoeveel kost de fles rode wijn? *De fles rode wijn kost vier euro vijfentwintig.* **b** Hoeveel kost de krat pils? *De krat pils kost 11 euro 10.* **c** Hoeveel kost het pak melk? *Het pak melk kost 76 (euro)cent.* **d** Hoeveel kosten de peren? *De peren kosten 1 euro 88 per kilo.* **e** Hoeveel kost de kaas? *De kaas kost 3 euro 5 per kilo.* **4 a** Hoeveel sinaasappels heb je nodig? *Ik heb vijf sinaasappels nodig.* **b** Hoeveel pakken melk heb je nodig? *Ik heb twee pakken (melk) nodig.* **c** Hoeveel flessen bier heb je nodig? *Ik heb twaalf flessen (bier) nodig.* **d** Hoeveel bloemkolen heb je nodig? *Ik heb één bloemkool nodig.* **e** Hoeveel appels heb je nodig? *Ik heb 1 kilo (appels) nodig.* **f** Hoeveel pakken rijst heb je nodig? *Ik heb vier pakken (rijst) nodig.* **g** Hoeveel bonen heb je nodig? *Ik heb twee kilo bonen nodig.* **h** Hoeveel druiven heb je nodig? *Ik heb een pond druiven nodig.* **5** appels, vrouwen, disco's, flessen, programma's, computers, grachten. **6** Welke kaas wil je? Welke koekjes wil je? Welk brood wil je? Welke chips wil je? Welke chocola wil je? Welke drop wil je? Welk snoepje wil je?

Unit 4

1 a hun **b** zijn **c** haar **d** haar **e** hun **f** zijn. **2 a** jullie **b** jouw **c** jullie **d** jouw **e** jouw **f** jullie. **3** Example sentences: Tante Nel en oom Arend zijn aardig.

Mijn ooms zijn groot. Mijn zus is vervelend. Mijn broer is klein. Mijn zus en mijn broer zijn vervelend. Mijn dochter is mooi. Mijn vader is zakenman. Mijn moeder is dokter. Mijn man is lief. Mijn vrouw is mooi. **4 a** zijn **b** zijn **c** haar **d** haar **e** zijn **f** haar **5 a** Ik draag mijn witte T-shirt, mijn blauwe spijkerbroek, mijn rode jas en mijn gele petje. **b** Ik draag een witte rok, een blauw T-shirt, een rode trui en een gele bril. **c** Hij draagt een witte broek, een blauw colbert, een rood overhemd en een gele hoed. **8 a** Ik hou van witte wijn. **b** Jij houdt van rode wijn, hè? **c** Jantien houdt van zwarte kleren. **d** Mijn ouders houden van grote huizen. **e** Mijn kinderen houden van oranje voetbalshirts. **f** Mandy houdt van kleine kinderen.

9 (a) i vader, moeder, oma, opa **ii** zus, vriendin **iii** vader, zoon **iv** opa, oma, moeder, vader, oom, tante, zus **(b) i** oma – grote hoed; opa – bril **ii** zus – rood T-shirt; vriendin – gele broek **iii** vader – net pak; zoon – rugzak **iv** Piet – stropdas; tante Katy – groene jurk **Listening exercise a** Op deze foto staan mijn vader en moeder bij het Rijksmuseum. Op de linkerkant van de foto zie je mijn oma. Zij draagt een grote hoed. De man met de bril aan de rechterkant is mijn opa. **b** Dit is een foto van onze tent. Mijn zus zit voor de tent. Zij draagt een rood T-shirt. Het meisje met de gele broek is mijn vriendin. **c** Dit is het Vondelpark. De man in het nette pak is mijn vader. De jongen met de rugzak naast hem is mijn zoon. **d** Dit is een foto van onze hele familie in een restaurant. In het midden zie je mijn opa en oma. Naast mijn oma zit mijn moeder en daarnaast mijn vader. De man met de stropdas is oom Piet en de vrouw met de groene jurk is tante Katy. Mijn kleine zus zie je ook aan de rechterkant van de foto.

10 a Jasmijn houdt van wijn. Zij draagt een broek en een jas. Zij draagt een bril. Zij heeft drie kinderen. b Jaap houdt van sportieve kleren. Hij draagt een spijkerbroek. Hij houdt van bier. Hij heeft een computer. 12 a Jolanda: sexy, but wears a very short skirt; Willem-Alexander: is very tall and good-looking; Frédérique: is always late and moody; Jos: doesn't work very hard and goes home early. Here's the text of the dialogues: I A: Daar is Jolanda. B: Goh, zij is sexy! A: Ja, maar haar rok is wel erg kort. II A: Kijk, dat is Willem-Alexander. B: Wat is hij lang, zeg! A: Ja, en ook erg knap. B: Vind je? III A: Waar is Frédérique? B: Ik weet het niet. A: Ze is altijd te laat. B: Ja, inderdaad. En ze is altijd zo chagrijnig. IV A: Is dat Jos? B: Ja, hij werkt samen met Jolanda. Hij werkt alleen niet echt hard. A: Oh, echt? B: Mm, en hij gaat vaak nogal vroeg naar huis.

Unit 5

1 a Ik wil graag een (glas) sinaasappelsap; een sinaasappelsap, graag. b Ik wil graag een limonade; een limonade, graag. c Ik wil graag een borrel; een borrel, graag. d Ik wil graag een glas fris; een glas fris, graag. e Ik wil graag een cassis; een cassis, graag. f Ik wil graag een kopje thee met melk en (met) suiker; een kopje thee met melk en suiker, graag. g Ik wil graag een kopje koffie met melk en zonder suiker; een kopje koffie met melk en zonder suiker, graag. h Ik wil graag een (glas) ananassap; een (glas) ananassap, graag. 2 a The dialogue with Berend and Annie. b The use of 'u' instead of 'je/jij'. Longer and more complete sentences. More polite by using polite phrases, e.g. mag ik een ..., ik wil graag ... there is more distance

between the speakers in the formal dialogue. Chantal is using an informal phrase for ordering a drink. She is also trying to personalise the contact with the waiter by asking if he has a nice drink for her. That way she is drawing attention to their 'relationship' 3 a Mag ik een glas witte wijn? Geeft u mij maar een glas witte wijn. Een glas witte wijn, graag. Doe maar een glas witte wijn. b Mag ik een kopje thee? Geeft u mij maar een kopje thee. Een kopje thee, graag. Doe maar een kopje thee. c Mag ik een uitsmijter? Geeft u mij maar een uitsmijter. Een uitsmijter, graag. Doe maar een uitsmijter. d Mag ik een jenever? Geeft u mij maar een jenever. Een jenever, graag. Doe maar een jenever. e Mag ik een (glas) druivensap? Geeft u mij maar een druivensap. Een druivensap, graag. Doe maar een druivensap. f Mag ik een stuk appeltaart? Geeft u mij maar een stuk appeltaart. Een stuk appeltaart, graag. Doe maar een stuk appeltaart. g Mag ik een slaatje? Geeft u mij maar een slaatje. Een slaatje, graag. Doe maar een slaatje. h Mag ik een pizza? Geeft u mij maar een pizza. Een pizza, graag. Doe maar een pizza. 4 a Mag ik een fles witte wijn? b Doe maar een spa rood. c Een vruchtensap, graag. d Doe maar een bruin bolletje met geitenkaas en tijm. e Geeft u mij maar aspergesoep. f Doe maar een tonijnsalade. g Mag ik de vegetarische schotel? h Doe maar de dagschotel. 5 Berend, Annie en de kinderen zitten in een restaurant. Ze hebben dorst en ze bestellen iets te drinken. Berend wil een pilsje, maar Annie neemt een jus d'orange. Ze hebben ook honger. Berend en Annie nemen een uitsmijter, maar ze bestellen patat voor de kinderen. Chantal zit in een café. Ze wil een lekker drankje. Ze bestelt een wodka.

6 a haar b mij c hen d ons e jou f hem. 7 haar, mij, hem, ze/hen.

Unit 6

1 a Nee, ik boek de tickets niet. Ik heb het te druk. b Nee, ik bestel de taxi niet. Ik heb het te druk. c Nee, ik organiseer de excursies niet. Ik heb het te druk. d Nee, ik pak de koffers niet. Ik heb het te druk. e Nee, ik koop de malariapillen niet. Ik heb het te druk. f Nee, ik wissel het geld niet. Ik heb het te druk. 2 a Ja, ik hou van moderne kleren. Nee, ik hou niet van moderne kleren. b Ja, ik hou van grote tuinen. Nee, ik hou niet van grote tuinen. c Ja, ik werk in Groningen. Nee, ik werk niet in Groningen. d Ja, ik woon in Amersfoort. Nee, ik woon niet in Amersfoort. e Ja, mijn schoenen zijn oud. Nee, mijn schoenen zijn niet oud. f Ja, ik drink graag thee zonder melk. Nee, ik drink niet graag thee zonder melk. g Ja, ik ben de nieuwe manager. Nee, ik ben de nieuwe manager niet. h Ja, de bananen zijn duur. Nee, de bananen zijn niet duur. i Ja, ik ga naar mijn werk. Nee, ik ga niet naar mijn werk. j Ja, dit is mijn jas. Nee, dit is mijn jas niet. 3 a Nee, ik drink geen melk. b Nee, ik koop geen appels. c Nee, ik eet geen chocola. d Nee, ik spreek geen Frans. e Nee ik heb geen kinderen. f Nee, ik neem geen uitsmijter. g Nee, ik wil geen slaatje. h Nee, ik breng geen pizza. 4 a Nee, ik heb geen auto. b Nee, ik woon niet in de buurt. c Nee, ik heb geen ervaring. d Nee, ik heb geen diploma's. e Nee, ik werk niet graag. f Nee, ik ben niet punctueel. 5 a Bent u meneer Plantinga? Woont u in Harderwijk? Bent u politieagent? Is uw adres: Pijlslaan 15? Is uw postcode: 2586 AL? Is uw telefoonnummer: 4326781? b Ben jij Kaatje Lijbers? Woon jij in Herenveen? Ben jij verpleegster? Is jouw adres: Seringenlaan 18? Is jouw postcode: 1864 KN? Is jouw telefoonnummer: 567392? 6 En jij? Werk jij of studeer je? *Ik werk. Ik ben docent op een school in Amsterdam.* Werk je daar al lang? *Sinds twee jaar.* 7 a Luistert u naar de radio? b Gaat u naar restaurants? c Gaat u naar feesten? d Drinkt u wijn? e Spreekt u Frans? f Eet u pizza's? g Draagt u spijkerbroeken? 8 a Luister je naar de radio? b Ga je naar restaurants? c Ga je naar feesten? d Drink je wijn? e Spreek je Frans? f Eet je pizza's? g Draag je spijkerbroeken? 9 A a Nee, ik luister niet naar de radio. b Nee, ik ga niet naar restaurants. c Nee, ik ga niet naar feesten. B d Nee, ik drink geen wijn. e Nee, ik spreek geen Frans. f Nee, ik eet geen pizza's. g Nee, ik draag geen spijkerbroeken. 10 Gaat u vaak vroeg naar bed? *Ik ga altijd vroeg naar bed.* Leest u vaak? *Ik lees soms.* Eet u vaak in een restaurant? *Ik eet soms in een restaurant.* Koopt u vaak nieuwe kleren? *Ja, ik koop vaak nieuwe kleren.* Gaat u vaak vroeg naar uw werk? *Ik ga meestal vroeg naar mijn werk.* Werkt u vaak in de tuin? *Ja, ik werk vaak in de tuin.* 11 a Ik ben Amerikaans. b Ik ben Frans. c Ik ben Iers. d Ik ben Chinees. e Ik ben Schots. f Ik ben Duits. 12 a Nederlandse b Amerikaanse c Schotse d Duits e Italiaanse f Spaanse g Ierse h Britse. dialoog 3 a Dennis wil het huisje voor twee nachten (for two nights) b Het huisje kost 30 euro per nacht (30 euros per night) c Dennis komt uit Engeland (from England) d Het adres van Dennis in Nederland is: Burgweg 35 in Papendrecht e Het telefoonnummer van Dennis is 00 44 7953 774326. 13 Peter Bos, politieagent, Nederlands, Alkmaar, 1824TB, 072 5689 701.

Unit 7

1 a *Ik ga morgen de school opbellen.*
b *Ik ga morgen schaatsen.* c *Ik ga morgen zwemmen.* d *Ik ga morgen in een restaurant eten.* 2 a Moet je morgen boodschappen doen? *Ja, ik moet morgen boodschappen doen.*
b Moet je morgen jouw huis schilderen? *Ja, ik moet morgen mijn huis schilderen.* c Moet je morgen je vriend emailen? *Ja, ik moet morgen mijn vriend emailen.* d Moet je morgen schoonmaken? *Ja, ik moet morgen schoonmaken.* 3 a Ga je morgen de school bellen? *Nee, ik ga morgen de school niet bellen, maar ik ga dansen.* b Ga je morgen schaatsen? *Nee, ik ga morgen niet schaatsen, maar ik ga dansen.* c Ga je morgen zwemmen? *Nee, ik ga morgen niet zwemmen, maar ik ga dansen.* d Ga je morgen fietsen? *Nee, ik ga morgen niet fietsen, maar ik ga dansen.* e Ga je morgen in een restaurant eten? *Nee, ik ga morgen niet in een restaurant eten, maar ik ga dansen.* 4 Dinsdag gaat hij boodschappen doen. Woensdag gaat Jeroen schoonmaken. Donderdag gaat hij Janine bellen. Vrijdag gaat hij dansen. Zaterdag gaat Jeroen voetballen. Zondag gaat hij zijn ouders bezoeken. 5 a Ga je overmorgen dansen? b Ga je vanavond sporten? c Ga je volgende week werken? d Ga je vanmiddag boodschappen doen? e Ga je volgend jaar jouw huis schilderen? 6 a Ik ben niet geïnteresseerd in moderne kunst. b Ik ben niet geïnteresseerd in politiek. c Ik ben niet geïnteresseerd in science fiction. d Ik ben niet geïnteresseerd in sport. e Ik ben niet geïnteresseerd in popmuziek. 7 a Ik ben geïnteresseerd in klassieke muziek. b Ik ben geïnteresseerd in Nederlandse literatuur. c Ik ben geïnteresseerd in autotechniek. d Ik

ben geïnteresseerd in toneel. 8 Some examples: Ik ben niet echt geïnteresseerd in science fiction. Ik ben nogal geïnteresseerd in sport. Ik ben helemaal niet geïnteresseerd in autotechniek. Ik ben vreselijk geïnteresseerd in politiek.
9 a Gaat u morgen naar de bioscoop? *Nee, ik moet morgen zwemmen. Ik ben niet geïnteresseerd in griezelfilms.* b Ga je vanavond naar het concert? *Ik moet een vriend emailen. Ik ben niet geïnteresseerd in popmuziek.* (or: *Ik ben niet geïnteresseerd in U2.*)
10 c zaterdag en zondag d donderdag e dinsdag f maandag g vrijdag. 11 Wat zullen we zaterdag doen? Zullen we naar een Chinees restaurant gaan? Ja leuk. O nee, ik kan zaterdag niet. Zondag dan? Ja zondag is ok. Hoe laat zullen we afspreken? Om kwart over twee bij de ingang? Goed. Tot zaterdag dan. 12 a Wat ga je maandagavond doen?
Maandagavond ga ik met Tine naar de bioscoop. (Ik ga maandagavond met Tine naar de bioscoop.) b Wat ga je dinsdagmorgen doen?
Dinsdagmorgen ga ik een appeltaart maken. (Ik ga dinsdagmorgen een appeltaart maken.) c Wat ga je woensdagochtend doen?
Woensdagochtend ga ik mijn huiswerk maken. (Ik ga woensdagochtend mijn huiswerk maken.) d Wat ga je vrijdagmiddag doen? *Vrijdagmiddag ga ik het artikel over moderne kunst lezen. (Ik ga vrijdagmiddag het artikel over moderne kunst lezen.)* 13 a Wat ga je zaterdagmiddag doen?
Zaterdagmiddag ga ik nieuwe voetbalschoenen kopen. (Ik ga zaterdagmiddag nieuwe voetbalschoenen kopen.) Wat ga je zondagochtend doen?
Zondagochtend ga ik voetballen. (Ik ga zondagochtend voetballen.) b Wat gaat Jan zaterdagmiddag doen?

Zaterdagmiddag gaat hij nieuwe voetbalschoenen kopen. (*Hij gaat zaterdagmiddag nieuwe voetbalschoenen kopen.*) Wat gaat Jan zondagmorgen doen? *Zondagmorgen gaat hij voetballen.* (*Hij gaat zondagochtend voetballen.*) **14 a** Wat gaan jullie vrijdagavond doen? *Vrijdagavond gaan wij Maria's verjaardag vieren.* (*Wij gaan vrijdagavond Maria's verjaardag vieren.*) Wat gaan jullie zaterdagochtend doen? Zaterdagochtend gaan wij langs de dijk fietsen. (*Wij gaan zaterdagochtend langs de dijk fietsen.*) **b** Wat gaan Kees en Maria vrijdagavond doen? *Vrijdagavond gaan zij Maria's verjaardag vieren.* (*Zij gaan vrijdagavond Maria's verjaardag vieren.*) Wat gaan zij zaterdagochtend doen? *Zaterdagochtend gaan ze langs de dijk fietsen.* (*Zij gaan zaterdagochtend langs de dijk fietsen.*) **15** Example sentences: Ik moet les zes herhalen. Ik wil eten koken. Ik ga mijn zoon met zijn huiswerk helpen. Ik wil naar het feest van Maria gaan. Ik moet een cadeau voor Maria kopen. Ik mag foto's in het museum maken.
16 a Nee, ik wil geen piano spelen. **b** Nee, ik ga geen boodschappen doen. **c** Nee, ik ga geen video bekijken. **d** Nee, ik ga niet met Renata zwemmen.
e Nee, ik ga mijn haar niet wassen. **f** Nee, ik ga de hond niet uitlaten. **g** Nee, ik ga Peter niet emailen.

Unit 8

1 a They are too expensive. **b** Spring rolls. **2** He says Tony can work a few days more during the summer holidays (to earn some extra cash). **3** The dialogue in the sport shop.

They use exclamations (jee, wat een ...!) and very informal words to address one another (e.g. nee joh, ach man). Tony is also very straightforward and direct in trying to convince Mark (wat maakt dat nou uit). The vocabulary is informal and often used by younger people (cool, hipper, stukken ...).
4 a Waar heeft u zin in? *Ik heb zin in een groot feest.* Waar heb je zin in? *Ik heb zin in een Italiaanse maaltijd.* Waar heb je zin in? *Ik heb zin in de vakantie.* Waar heeft u zin in? *Ik heb zin in een lange wandeling.* **b** Mevrouw Dijkstal heeft zin in een groot feest. Erwin heeft zin in een Italiaanse maaltijd. Pieter heeft zin in de vakantie. Meneer Paardekoper heeft zin in een lange wandeling. **c** Ik heb zin in ... **5 a** aardiger **b** lekkerder, zuurder **c** lekkerder, zoeter **d** groter, sneller **e** leuker **6 a** Ik vind Hans aardiger dan Margriet. **b** Ik vind de rode appels lekkerder dan de groene (appels). De groene appels zijn zuurder dan de rode (appels). **c** Ik vind deze koekjes lekkerder dan die. Deze koekjes zijn zoeter dan die. **d** Een Ford Galaxy is groter dan een Ferrari, maar een Ferrari is sneller dan een Ford Galaxy. Ik vind skeeleren leuker dan schaatsen. **7 a** Ik vind dat boek moeilijker. **b** Ik vind die rode broek mooier. **c** Ik vind die krant interessanter. **d** Ik vind dat artikel saaier. **8** Lex is vrolijker dan meneer Heeringa. Meneer Heeringa is verdrietiger/depressiever dan Lex. Lex is optimistischer dan meneer Heeringa. Meneer Heeringa is pessimistischer dan Lex. Lex is jonger dan meneer Heeringa. Meneer Heeringa is ouder dan Lex. Lex is moderner dan meneer Heeringa. Meneer Heeringa is ouderwetser dan Lex. **9** Wijn A is/smaakt lekkerder, voller, lichter, zwaarder, zoeter, kruidiger dan wijn B. **10** Jane's kleren

zijn netter, saaier, ouderwetser, truttiger, hipper, moderner, opvallender, vrouwelijker, fleuriger, goedkoper, duurder, schoner dan die van Els.

Unit 9

1 Hallo, met [your name]. Ik sta op Heathrow en neem straks de vlucht van half één. Het vliegtuig komt om half drie in Amsterdam aan. Haal je me dan van het vliegveld op? Bedankt. Tot straks. Dag. **2 a** tot vanmiddag **b** tot zondag **c** tot woensdag **d** tot dinsdag **e** tot volgende week **f** tot volgende maand **3 a** De treintaxi brengt je op een comfortabele manier van en naar het NS station. **b** Op het station of bij de chauffeur. **c** Maximaal 10 minuten. **d** Bij 111 stations. **e** Het is duurder. **4 a** Frouke van den Broek speaking. **b** She wants to change her appointment. **c** Ja, natuurlijk. **d** Komt morgen je goed uit? **e** No. **f** On Thursday at 10 o'clock. **5** Met (your name). Ik heb een afspraak voor morgen om half twee, maar ik moet dat helaas afzeggen. Kan ik voor een andere keer afspreken? Nee, dat komt mij niet zo goed uit. Woensdag is beter (Kan ik voor woensdag afspreken?) Ja, dat is goed. Dan spreken we woensdag om kwart voor drie af. **6 a** Is … thuis? **b** Kan ik met … spreken? **7 a** Kan ik met meneer Plantinga spreken? **b** Is Menno thuis? **8 a** Met Dirk Jansen. Dag Dirk, met [your name]. Is Alice thuis? Zij is naar een feest, maar zij is morgen (weer) thuis. Goed, ik bel morgen wel. **b** Met de afdeling leningen. Kan ik met mevrouw Blom spreken? Ogenblikje, ik verbind u even door. **9 a** Ja, we komen morgen mee. **b** Ja, we blijven graag thuis. **c** Ja, ik hang het schilderij in de kamer op. **d** Ja, ik breng de pizza mee. **e** Ja,

ik maak het huis schoon. **10 b** Willen Peter en Dries graag thuisblijven? *Ja, zij blijven graag thuis.* **c** Gaat Lena het schilderij in de kamer ophangen? *Ja, zij hangt het in de kamer op.* **d** Zal Lena de pizza meebrengen? *Ja, zij brengt de pizza mee.* **e** Wil Lena het huis schoonmaken? *Ja, zij maakt het huis schoon.* **11** Dag Harry, met [your name]. Zullen we morgen voetballen? Zullen we zaterdagavond naar de bioscoop (gaan)? Hoe laat zullen we afspreken? Goed, tot zaterdag.

Unit 10

1 a 1 **b** 3 and 4 **c** 3 **d** 2 and 4 **e** 1 and 4 **2 a** toch **b** maar **c** toch **d** toch **e** maar **f** toch **g** maar **3 a** Doe straks de boodschappen. **b** Bel me vanavond op. **c** Leer deze les voor morgen. **d** Schrijf oom Jan vanavond. **e** Lees dit artikel. **f** Schreeuw niet zo hard. **4 b:** **a** in bottles **b** separate it from normal rubbish **c** a fountain pen **d** don't throw it in the rubbish bin **e** take them to the secondhand shop **f** repair them. **c: a** koop **b** scheid **c** gebruik **d** breng **e** breng **f** koop **g** gooi **h** lever … in **i** breng **j** koop, repareer **k** gebruik, neem … mee **l** doe … uit **m** hang … op **d:** Je moet een vulpen in plaats van een wegwerp-pen gebruiken. Je moet je flessen naar de glasbak brengen. Je moet je oud papier naar de papierbak brengen. Je moet tweedehands meubels kopen. Je moet chemisch afval niet in de vuilniszak gooien. Je moet je chemisch afval bij de Chemokar inleveren. Je moet je oude kleren naar de tweedehandswinkel brengen. Je moet niet meteen nieuwe spullen kopen, maar (je moet) kapotte dingen repareren. Je moet geen plastic zakken gebruiken, maar (je moet) je eigen boodschappentas meenemen. Je moet het licht uitdoen

(als het niet nodig is). Je moet deze lijst in de keuken ophangen. 5 Bak drie plakjes ham in de koekepan. Doe drie eieren in de pan. Snijd een augurk en tomaat in plakjes. Smeer drie boterhammen. Leg de eieren, de ham, de plakjes tomaat en de augurk boven op de boterham. 6 A Zet de verwarming lager. B Doe de verwarming uit als het niet nodig is. C Isoleer uw huis. D Doe af en toe een raam open. (Note that this instruction can apply to any room in this house!) E Neem een douche in plaats van een bad. B Doe het licht uit als het niet nodig is. A Doe de televisie uit als het niet nodig is. **Text:** Eén van de makkelijkste manieren om geld te sparen op energie is de verwarming wat lager te zetten. Dus: Zet de verwarming lager. En kamer leeg? De verwarming uit!
Dus: Doe de verwarming uit als het niet nodig is.
Het is een goed idee uw huis te laten isoleren. Dus: Isoleer uw huis.
Maar denkt u eraan, u heeft frisse lucht nodig. Dus: Doe af en toe een raam open.
Een bad gebruikt meer water dan een douche. Dus: Neem een douche in plaats van een bad.
Dan kunt u ook geld en electriciteit sparen door op de knop te drukken. Dus: Doe het licht uit als het niet nodig is. En: Doe de televisie uit als het niet nodig is.

Unit 11

1 a Next month for a week.
b gewoon c Yes, very. d About who is going to do what. 2 a Heb je zin om thuis te blijven? b Heb je zin om op het strand te liggen? c Heb je zin om in de bergen te wandelen? d Heb je zin om te kamperen? e Heb je zin om met Marloes en Eddie op vakantie te gaan? f Heb je zin om naar de finale van het wereldkampioenschap voetbal te kijken? 3 a Mmm, dat lijkt me wel wat. b Dat lijkt me wel aardig. c Dat lijkt me niets. d Dat lijkt me wel aardig. e Dat lijkt me wel leuk. f Dat lijkt me fantastisch.

4 a Sorry hoor, maar ik vind dat te saai. b Sorry hoor, maar ik vind dat te primitief. c Sorry hoor, maar ik vind dat te educatief.
d Sorry hoor, maar ik vind dat te inspannend. e … te toeristisch f … te gevaarlijk. g … te saai/inspannend.
5 a Misschien is dat een beetje te saai. b Misschien is dat een beetje te primitief. c Misschien is dat een beetje te educatief. d Misschien is dat een beetje te inspannend. e … te toeristisch f … te gevaarlijk g …. te gevaarlijk/toeristisch/saai. 6 a To be spoiled and to be comfortable. b It is a magnificent location: surrounded by woods, moors, and little lakes. c There is an indoor swimming pool, a sunbed and a sauna. The food is also delicious. d The last two sentences. e Adventure, nature and the outdoors. f You make a trip of five days in a boat (canoe or motor boat). g You will camp in a 'trekkershut'. h An elaborate dinner. 7 a een luxe hotel, een eenvoudige trekkershut b verwend, een avontuurlijke tocht c geniet, overheerlijke gerechten, uitgebreid diner d avontuurlijk, ontspannen 8 Vakantie A lijkt me schitterend want je kunt in het hotel zwemmen en een sauna nemen, … ik hou van lekker eten, … ik hou van luxe en comfort. Vakantie A lijkt me niet leuk want ik wil niet lekker verwend worden, … ik hou niet van luxe hotels, … ik hou niet van bossen. Vakantie B lijkt me fantastisch want ik hou van water/een tocht maken/kamperen. Vakantie B lijkt me niets want het is te primitief/inspannend, … ik hou niet

van natuur, ... ik wil niet in een trekkershut overnachten. 9 a tocht b terras c brood d wijn, bier e rok f – 10 a tochtje b terrasje c broodje d wijntje, biertje e rokje 11 Examples include: Wadlopen lijkt me leuker want het is avontuurlijk/energiek/inspannend, ... ik vind wandelen leuk, ... ik vind een boottocht leuk, ... ik vind de Wadden mooi. Wadlopen lijkt me niets want je wandelt door diepe geulen, je mag geen alcohol meebrengen, je moet om vijf uur vertrekken. Een dagje naar Amsterdam lijkt me leuker want het is ontspannend, je gaat naar een museum, ik hou van Van Gogh, ik hou van luxe eten, je kunt naar de kroeg. 12 Hallo [name colleague] Wil je wadlopen of wil je naar Amsterdam? Wat is wadlopen? Het is een vrij energieke wandeltocht over zandbanken en door slib en diepe geulen. O, dat lijkt me niet leuk. Wat gaan we in Amsterdam doen? We gaan naar het Van Gogh museum, we maken een rondvaart, we eten lunch in Hotel Mariott en we eten een uitgebreid diner in restaurant de Prins. 's Avonds gaan we naar de kroeg. Dat lijkt me veel leuker. Or Hallo [name colleague] Wil je wadlopen of wil je naar Amsterdam? Wadlopen lijkt me fantastisch. Ben je gezond en fit? Jazeker. Moeten we iets meenemen? Een lunchpakket. Kan ik een fles wijn meenemen? Nee, je mag absoluut geen alcohol meenemen. Hoe lang duurt de wandeltocht? Vier uur en dan terug met de boot. Komt vrijdag je goed uit? Ja, hoe laat vertrekken we? Om 5 uur 's ochtends.

Unit 12

Leestekst 1, questions a 45 to 50 hours **b** 36 hours **c** No, she likes her job and doing overtime is the done thing within her company. **d** No, her partner doesn't like it, but Petra doesn't seem too bothered by this. **Leestekst 2, questions a** 3 days a week; 24 hours a week **b** he has more time to himself (his weekend is longer than his working week) **c** Pressure at work is high, and he doesn't earn as much money as he would with a full-time job **d** He goes out (theatre or bars). He goes into town (buying CDs). He collects comics. He goes on holiday on his motorbike 4 to 5 times a year for a week or longer. He does a lot with his girlfriend. **e** No, he doesn't think life has to be expensive. Money is a matter of making choices (he doesn't follow the latest trends in fashion, for instance). **1a NB** The answers are only examples. **a** Ik vind kletsen belangrijker. **b** Ik vind veel geld belangrijker. **c** Ik vind veel met mijn vriend(in) doen belangrijker. **d** Ik vind mijn partner belangrijker. **1b NB** The answers are only examples. **a** Ik ga liever naar de kroeg. **b** Ik blijf liever thuis. **c** Ik werk liever drie dagen per week. **d** Ik ga liever op vakantie met de auto. **3** Jolijn: Jolijn gaat vaak uit en ze houdt niet van haar baan. Ze houdt veel van muziek. Ze heeft geen partner. Pieter: Pieter werkt vier dagen per week. Hij drinkt graag bier. Hij heeft een vriendin en hij gaat drie keer per jaar op vakantie. Marjan: Marjan werkt vaak erg laat. Ze houdt veel van reizen en ze verzamelt schoenen. Ze drinkt niet graag rode wijn. Eelco: Eelco reist heel veel. Hij houdt van zijn werk maar hij kletst ook erg veel op zijn werk. Hij houdt totaal niet van het theater. **5 a a** Ik ben wel filosofisch. **b** Ik hou wel van humeurige mensen. **c** Ik ben wel een geboren leider. **d** Ik ga wel op vakantie in de zomer. **e** Ik heb wel een auto. **f** Ik ben wel vaak veeleisend genoeg.

Unit 13

2 a hoor **b** natuurlijk **c** gewoon, hoor **d** natuurlijk **e** gewoon **f** natuurlijk **3 a** al 10 minuten **b** nu 3 jaar, 5 maanden en 23 dagen **c** nu 2 jaar **d** pas 8 maanden **e** pas 2 uur **4 a** ik van zwart hou **b** ik geen tijd heb **c** ik in Nederland wonen en werken wil **d** ik een uitdaging nodig heb **e** ik dit voor morgen afmaken moet **f** ik me ziek voel **g** hij zo arrogant is **5b** eerst had ik allerlei baantjes als winkelbediende en bloembollenpeller. Maar nu werk ik alweer 6 jaar als accountant. Ik werk hier omdat mijn grootouders uit Nederland komen en (omdat) ik hier familie heb. De werksfeer is hier heel anders. Iedereen is gelijk en mag of moet meebeslissen over alles. Managers zijn absoluut niet arrogant. **c Interview 2** U bent An van Damme? Ja dat klopt. Ik werk hier al 10 jaar. Eerst had ik allerlei baantjes als serveerster in een bar. Ik deed ook een opleiding voor verpleegster. Maar nu werk ik alweer 8 jaar als verpleegster in een ziekenhuis. Ik werk in Nederland omdat ik met een Nederlander getrouwd ben. De rol van vrouwen is een beetje traditioneel. Veel vrouwen met kinderen zijn gewoon thuis. **Interview 3** U bent Tobias Johansson? Ja dat klopt. Ik werk hier nu (al, pas) 3 jaar. Eerst had ik allerlei baantjes als verhuizer en barkeeper. Maar ik werk nu alweer een jaar als projectmanager van culturele projecten. Ik werk hier omdat ik een Nederlandse vriendin heb. Er is veel aandacht voor cultuur. Veel mensen gaan naar musea en concerten. **Interview 4** U bent Anette Meineke. Ja dat klopt. Ik werk hier nu (al, pas) 2 jaar. Eerst had ik allerlei baantjes als schoonmaakster. Maar nu werk ik alweer anderhalf jaar als homeopaat. Ik werk hier omdat ik het gewoon een leuk land vind. De gezelligheid. Lekker koffie drinken en zo en je verjaardag vieren. **8a** It is an exclamation and emphasizes that Jolanda really wants to know how Marge feels. **9 a** to encourage the listener to come along **b** to encourage and invite an answer **c** to soften disagreement **d** similar to *well* **e** strong agreement **11** een chocoladeletter en een kaars **12** Sint denkt, Andrew, je bent wel een aardige vent, behalve dat je vaak te laat bent. Dat is niet leuk voor anderen. Dus moet je je gedrag veranderen. Het wordt hoe langer hoe gekker. Sint geeft je daarom een mooie wekker. Zodat je voortaan niet in je bed blijft liggen dromen en je nooit meer te laat hoeft te komen. **Cultural knowledge quiz a** in een krat **b** hagelslag **c** pinnen **d** statiegeld **e** to encourage people to bring their glass bottles back to the shop for recycling purposes **f** een patat(je) met **g** een patatje speciaal **h** het frietkot **i** trekkershutten **j** met (*your name*), u spreekt met (*your name*) **k** de elfstedentocht **l** een uitsmijter **m** eet smakelijk **n** VVV **o** wadlopen (walking across the mud of the sea at low tide to one of the Wadden islands) **p** de Waddenzee to the north of Friesland and Groningen **q** the evening of 5 December **r** 30 April.

In this section you will find a brief explanation of the main grammatical points – and some related information – contained in this book. For more information, look at a grammar book such as *Teach Yourself Dutch Grammar*, which is part of this series.

1 Subject, Verb, Object

These are three important elements which you will find in many sentences.

Subject

Virtually all sentences have a subject. The subject makes things happen – it is the person, object or idea which performs the action in a sentence. It can be made up of more than one word. Some examples of subjects:

hij	*he*
mijn computer	*my computer*
de nieuwe wereldorde	*the new world order*

Verb

The verb tells you what someone or something is doing. This needn't be anything active. You will find at least one verb in most sentences, but sometimes you will find more than one. Here are some verbs:

eten	*to eat*
dromen	*to dream*
denken	*to think*

Object

This is the person, thing or idea that is at the receiving end of the action in the sentence which is performed by the subject. You won't find an object in all sentences.

Some objects directly undergo the action. These are called *direct objects*. Other objects 'receive' the direct object. These are called *indirect objects*. The following sentence contains a *direct object* and an **indirect object**:

Hij geeft *zijn telefoonnummer* aan **de vrouw**.
He gives his phone number to the woman.

In this book, we do not make a distinction between direct and indirect objects.

2 Spelling

a **Short vowel sounds** are spelt with one vowel in a closed syllable (a syllable ending in a consonant):

man *man*   **hek** *fence/gate*   **bos** *forest*   **bus** *bus*

To keep these syllables closed when adding -en (e.g. when a word becomes plural) you double the consonant:

mannen *men*   **hekken** *fences/gates*   **bossen** *forests*   **bussen** *buses*

b **Long vowel sounds** can be spelt in two ways:
• with two vowels in a closed syllable:
maan *moon*   **heer** *gentleman*   **boom** *tree*   **buur** *neighbour*
• with one vowel in an open syllable (ending in a vowel):
manen *moons*   **heren** *gentlemen*   **bomen** *trees*
buren *neighbours*

c A Dutch word cannot end in two consonants if they are the same. This means that a Dutch word never ends in double l or s, like in English. Compare:

English	*ball*	*bell*
Dutch	**bal**	**bel**

d **z/s** and **v/f**: The letters z and v are often pronounced as s and f in Dutch, and at the end of words they are also often written as s and f. The singular of **brieven** (*letters*), for instance, is **brief** (*letter*) and the singular of **huizen** (*houses*) is **huis** (*house*).

3 Nouns and articles

Articles

Articles are the words for *the* and *a(n)*. Dutch has three such words: **de** and **het** both mean *the*, and **een** means *a* or *an*. **De** and **het** are the *definite articles* and **een** is the *indefinite article*. (See **Nouns** below for when to use **de** and **het**.)

Nouns

Nouns are words like **auto** (*car*), **thee** (*tea*) and **vakantie** (*holiday, vacation*). Nouns are either *countable* (things you can count, like **auto** and **vakantie**) or *uncountable* (things that cannot be counted, like **thee**).

Nouns used without an article or with the indefinite article **een** are called *indefinite*. You can only use **een** before single countable nouns. Some examples of indefinite nouns:

een lepel	*a spoon*
boeken	*books*

Nouns used with **de** or **het** are called *definite* nouns. Nouns which have to be combined with **de** are *common* nouns and nouns which have to be combined with **het** are *neuter* nouns. Some examples:

de man	*the man*
de vrouw	*the woman*
het kind	*the child*
de badkamer	*the bathroom*
het dorp	*the village*

There are no easy rules to tell you whether a word takes **de** or **het,** so you simply have to learn each one by heart. Note that there are roughly twice as many words with **de** as there are with **het**. All plural nouns take **de**.

singular:	**de** vork *(fork)*	**het** mes *(knife)*
plural:	**de** vorken *(forks)*	**de** messen *(knives)*

Compound nouns

Compound nouns are nouns made up of two (or more) other nouns.

In Dutch these are always written as one word:

de telefoon (*telephone*) + het nummer *(number)* = het telefoonnummer

de fles *(bottle)* + de opener *(opener)* = de flesopener

Compound nouns always take the article from the last part of the word (in **telefoonnummer** above, for instance, **het** from **het nummer**).

Sometimes the two nouns are linked by **s**, **e** or **en** to make the new word easier to pronounce:

de stad *(city)* + het park *(park)* = het stadspark
de erwt *(pea)* + de soep *(soup)* = de erwtensoep

Plurals

In most cases in Dutch you make a noun plural by adding **-en**:

boek *(book)*	→	boeken *(books)*
lamp *(lamp)*	→	lampen *(lamps)*

Sometimes the spelling changes when you make a word plural (see the spelling rules on page 172):

huis *(house)*	→	huizen *(houses)*
brief *(letter)*	→	brieven *(letters)*
pen *(pen)*	→	pennen *(pens)*

Some words are made plural by adding **-s**:

computer	→	computers
meisje *(girl)*	→	meisjes *(girls)*

You will also come across words which are made plural by adding **'s**. These are words ending in **a**, **i**, **o**, **u**, **y** (generally words of foreign, often English, origin):

auto *(car)*	→	auto's *(cars)*
euro	→	euro's
baby	→	baby's

There are also some irregular plural forms:

stad *(city)*	→	steden *(cities)*
kind *(child)*	→	kinderen *(children)*
ei *(egg)*	→	eieren *(eggs)*

Diminutives

Diminutives are words which generally indicate the smallness of something. They usually end in **-je** in Dutch:

het huisje	*little house*
het kopje	*little cup*
het hondje	*little dog*

You will also come across some variations of the **-je** ending, like **-tje**, **-pje**, **-etje**, **-kje**. Note that all diminutives are **het** words.

Diminutives don't just indicate that something is small. Often they add a kind of attitude, to show that you feel something is nice, positive, endearing, not important or sometimes even negative:

een leuk verhaaltje	*a nice story*
mijn ventje	*my lovely little boy*
vreemd zaakje	*strange business, that*

4 Deze / die *and* dit / dat *This and that*

Deze and **dit** are Dutch for *this*, and **die** and **dat** are Dutch for *that*.

Deze and **die** are used in front of **de** words. **Dit** and **dat** are used in front of **het** words.

de hond	*the dog*	het contract	*the contract*
deze hond	*this dog*	dit contract	*this contract*
die hond	*that dog*	dat contract	*that contract*

Since all plural words are **de** words, you always use **deze** and **die** for plurals:

deze honden	*these dogs*	deze contracten	*these contracts*
die honden	*those dogs*	die contracten	*those contracts*

Note that **dit** and **dat**, like **het**, can also be used with the verb **zijn** (*to be*) to introduce people or things, both singular or plural. **Deze** and **die** are never used in this way.

dit is mijn mobieltje	*this is my mobile*
dat zijn haar schoenen	*those are her shoes*

5 Adjectives

Adjectives are words, like *blue*, *tall*, *shiny*, *fantastic* and *sweet*, which describe the characteristics of objects, people and ideas.

Sometimes you have to add an extra **-e** to adjectives in Dutch. This happens when the adjective is used directly in front of a noun:

de **mooie** film	*the beautiful film*
het **moderne** huis	*the modern house*

However, no **-e** is added when the adjective is used in front of an indefinite **het** word (i.e. a **het** word used with **een** or no article at all):

een **modern** huis	*a modern house* (*huis* is a **het** word)

Sometimes the spelling of adjectives changes when you add an **-e**:

wit *(white)*	de witte auto	*the white car*
groot *(large)*	een grote boot	*a big boat*

6 Comparative and superlative

Comparatives are words like *bigger* and *better*. Superlatives are words such as *biggest* and *best*. To make a comparative, you add **-er** to an adjective. To make a superlative, you add **-st**:

adjective	**comparative**	**superlative**
mooi *(beautiful)*	mooier *(more beautiful)*	mooist *(most beautiful)*
slecht *(bad)*	slechter *(worse)*	slechtst *(worst)*

The spelling rules apply as usual, of course, and note that with the superlative you always use **het**. In front of a noun, you have to apply the basic rules for adding an **-e** to adjectives.

haar auto is groter dan mijn auto	*her car is bigger than my car*
mijn computer is het snelst	*my computer is the fastest*
zijn jongere broer	*his younger brother*

If you are using an adjective ending in an **-r**, you must insert a **d** in the comparative (but not the superlative):

duur *(expensive)*	duurder *(more expensive)*	duurst *(most expensive)*

Here are some frequently used irregular forms:

goed *(good)*	beter *(better)*	best *(best)*
veel *(much, many)*	meer *(more)*	meest *(most)*
weinig *(little, few)*	minder *(less, fewer)*	minst *(least, fewest)*

7 Numbers

0–30

0	nul				
1	een, één	7	zeven	13	dertien
2	twee	8	acht	14	veertien
3	drie	9	negen	15	vijftien
4	vier	10	tien	16	zestien
5	vijf	11	elf	17	zeventien
6	zes	12	twaalf	18	achttien

19	negentien	23	drieëntwintig	27	zevenentwintig
20	twintig	24	vierentwintig	28	achtentwintig
21	eenentwintig	25	vijfentwintig	29	negenentwintig
22	tweeëntwintig	26	zesentwintig	30	dertig

NB Een (*one*) is only written as **één** if it could be confused with the indefinite article **een** *(a/an)*. The double dots, or **trema**, on one of the 'e's in 22, for instance, indicate the start of a new syllable, so you know 22 is pronounced 'twee – en – twintig'.

31–1000.000

31	eenendertig	102	honderdtwee
32	tweeëndertig	115	honderdvijftien
40	veertig	146	honderdzesenveertig
50	vijftig	200	tweehonderd
60	zestig	300	driehonderd
70	zeventig	789	zevenhonderdnegenentachtig
80	tachtig	1000	duizend
90	negentig	100.000	honderdduizend (een ton)
100	honderd	1000.000	een miljoen
101	honderdeen		

NB Numbers over 1000 are usually pronounced as units of 100:

1450 = **veertienhonderdvijftig**

For years before 2000, you can leave out **honderd**:

1975 = **negentienhonderdvijfenzeventig** or
       negentienvijfenzeventig

First, second, third

Ordinal numbers (numbers like *first*, *second*, *third*) are formed in Dutch by adding -**de** or -**ste** to the numbers. When writing the number in figures, you simply add an -**e**.

1e	eerste	11e	elfde
2e	tweede	12e	twaalfde
3e	derde	13e	dertiende
4e	vierde	14e	veertiende
5e	vijfde	15e	vijftiende
6e	zesde	16e	zestiende
7e	zevende	17e	zeventiende
8e	achtste	18e	achttiende
9e	negende	19e	negentiende
10e	tiende	20e	twintigste

From 20 most ordinal numbers end in **-ste**. Only those ending with a number under 19 (apart from 1 and 8) end in **-de**.

27e	zevenentwintigste
69e	negenenzestigste
100e	honderdste
116e	honderdzestiende
197e	honderdzevenennegentigste
1000e	duizendste

8 Weights, measures, time

Weights

1 gram
1 ons (= 100 gram)
1 pond (= 500 gram)
1 kilo (= 2 pond, 1000 gram)
2 liter

You don't usually use the plural forms of weights, and you don't use the expression *of* in Dutch:

twee kilo aardappelen	*two kilos of potatoes*
een liter melk	*a litre of milk*

Measures

1 mm	een millimeter
10 cm	tien centimeter
7 m	zeven meter
5 m²	vijf vierkante meter
50 km	vijftig kilometer

You don't usually use the plural forms of these measurements.

Time

1 minuut	5 minuten
1 kwartier (= 15 minuten)	3 kwartier
1 uur	2 uur
1 week	3 weken
1 maand	6 maanden
1 jaar	10 jaar

There are plural forms of **kwartier, uur** and **jaar** (they are **kwartieren, uren** and **jaren**), but you don't usually use them.

9 Personal pronouns

Personal pronouns are words like *I, you, he* and *me, her, us*, etc. Personal pronouns are divided into *subject pronouns* and *object pronouns*.

Subject pronouns are used as the subject of the sentence, i.e. the person(s) to whom the subject pronoun refers is/are performing the action. The verb changes its form depending on the subject pronoun which you're using:

ik fiets (*I'm cycling*), **wij** fietsen (*we are cycling*).

Object pronouns function as the object in the sentence, i.e. the person(s) to whom it refers is/are *not* performing the action expressed by the verb:

ik hou van **hem** (*I love him*), zij houdt van **mij** (*she loves me*).

	subject pronouns			object pronouns		
	stressed	**unstressed**		**stressed**	**unstressed**	
singular	ik	('k)	*I*	mij	me	*me*
	jij	je	*you (informal)*	jou	je	*you (informal)*
	u	–	*you (formal)*	u	–	*you (formal)*
	hij	(ie)	*he*	hem	('m)	*him*
	zij	ze	*she*	haar	(d'r)	*her*
	het	('t)	*it*	het	('t)	*it*
plural	wij	we	*we*	ons	–	*us*
	jullie	–	*you (informal)*	jullie	–	*you (informal)*
	u	–	*you (formal)*	u	–	*you (formal)*
	zij	ze	*they*	hen/hun*	ze	*them*

The unstressed forms in brackets are not generally used in writing.

*The rules for when to use **hen** or **hun** are quite tricky (**hen** is used as a direct object and after prepositions) and consequently many Dutch people often make mistakes with this and use **hen** and **hun** interchangeably. Luckily, **ze** is correct in nearly all cases, so if you stick to **ze** you (almost) never will be wrong.

NB When speaking, generally the unstressed forms of the pronouns are used, except when you want to stress the pronoun or emphasize a contrast:

Ik werk maar **hij** niet.   *I work but he doesn't.*

Formal/informal

The informal pronouns are used when speaking to people with whom you are on a first-name basis, e.g children, young people, relatives, friends, acquaintances, colleagues. The formal pronoun **u** is used when addressing people with whom you are not on a first-name basis, e.g. people you don't know, like shop assistants (unless very young), and people to whom you wish to show respect or social distance, such as your boss.

Referring to things

When referring to things, you use **het** if you are referring to a **het** word and **hij** or **hem** when referring to a **de** word. For plurals you use **ze**.

Waar is het boek?	*Where is the book?*
Kijk, daar is **het**.	*Look there it is.*
Is de film goed?	*Is it a good film?*
Ja, **hij** is fantastisch.	*Yes, it is fantastic.*
Heb jij de sleutels?	*Do you have the keys?*
Nee, ik heb **ze** niet.	*No, I don't have them.*

	subject pronoun	object pronoun
het word:	het	het
de word:	hij	hem
plural word:	ze	ze

10 Possession

Possessive pronouns

Possessive pronouns indicate who is the owner of something and work in the same way in Dutch as they do in English: *my, your, his,* etc.

	stressed	unstressed	
singular	**mijn**	(m'n)	*my*
	jouw	je	*your* (informal)
	uw	–	*your* (formal)
	zijn	(z'n)	*his*
	haar	(d'r)	*her*
plural	**ons/onze***	–	*our*
	jullie	je	*your* (informal)
	uw	–	*your* (formal)
	hun	–	*their*

The unstressed forms in brackets are not generally used in writing.

*ons is used before **het** words and **onze** is used before **de** words:

ons woordenboek	*our dictionary*
onze tuin	*our garden*

Van ... 'Of'

Possession can also be expressed in Dutch by using an -s, like in English:

Johans hond	*Johan's dog*
Linda's kat	*Linda's cat*

(An apostrophe is only used if the -s would change the pronunciation of the sound preceding it.)

However, it is much more usual in Dutch to use **van**:

Is dit de hond **van Johan**?	*Is this Johan's dog?*
Heb jij dat boek **van mijn** moeder?	*Do you have that book of my mother's?*

11 Verbs

What are verbs?

Verbs are 'doing' words which often describe an activity or an action like **lopen** (*to walk*), **denken** (*to think*), **lachen** (*to laugh*).

The infinitive

The basic form of the verb is the **infinitive** and in Dutch usually ends in -**en** (in English, this is the form of the verb with *to*: **dromen** *to dream*).

The stem

You will have seen that verbs change their form. Most of the forms a verb can take are based on the **stem** of the verb. The stem of the verb is the form that goes with **ik**, which you can find by taking the -**en** ending off the infinitive:

infinitive:	**werken** (*to work*)	**kopen** (*to buy*)	**rennen** (*to run*)
stem:	**werk**	**koop**	**ren**

Note that the spelling rules apply (see page 172) when you take away -**en**.

Which form?

Which form of the verb you need to use depends on the subject of the sentence. For **hij** (*he*) and **zij** *(she)*, for instance, you add a -**t** to the stem, and for **wij** *(we)*, you use the infinitive form of the verb.

Word order

You will generally find the (first) verb in a Dutch sentence in second position (i.e. the second 'item' in a sentence, not necessarily the second word), although sometimes you will find a verb at the very beginning of questions.

Ik **kook** bijna nooit.	*I almost never cook.*
Gwynneth en Peter **zijn** te laat.	*Gwynneth and Peter are late.*
Gaan zij ook op vakantie?	*Are they also going on vacation?*

12 The present tense

Form: regular verbs

For the present tense forms of regular Dutch verbs, you add either -**t** or -**en** to the stem of the verb. This is best illustrated with an example like **werken** (*to work*):

ik	werk	we/wij	werk**en**
je/jij	werk**t**	jullie	werk**en**
u	werk**t**	u	werk**t**
hij/zij/het	werk**t**	ze/zij	werk**en**

Inversion

Sometimes the subject has to be placed after the verb. This is called inversion. It happens, for instance, when you're asking a question:

Heb jij die CD ook?   *Do you have that CD as well?*

When this happens with **je** or **jij**, i.e. when **je** or **jij** appear after the verb, then the -**t** is dropped from the verb. This only happens with **je** and **jij**, but applies to all verbs.

Jij werk**t** hard.	*You are working hard.*
Werk jij hard?	*Are you working hard?*

Use

In Dutch the present tense can be used to talk about something which is happening here and now:

Ik **lees** een boek.   *I'm reading a book.*

However, often the present tense is also used to talk about the future:

Ik **ga** morgen naar New York.   *I'm going to New York tomorrow.*

You can also use the present tense to talk about things which started in the past and continue in the present. However, in this case you *must* use **al, pas** or **nu:**

Ik kom hier **al** tien jaar.   *I've been coming here for (as long as) ten years.*

Zij werkt hier **pas** een maand.   *She's only been working here for a month.*

Wij wonen hier **nu** een jaar.   *We've been living here for a year now.*

With **al** you indicate that you think something has been a long time and with **pas** that you think it's only been a short time.

13 Modal verbs

Some verbs don't actually describe an action or activity but are used in combination with other verbs for a different purpose. An important group of such verbs are the *modal verbs*. Modal verbs express various meanings such as saying what you *can, wish, may, must* or *should.*

Word order

Modal verbs are combined with another verb. This second verb always comes at the end of the sentence and is always in the infinitive form:

Zij **wil** een CD **kopen.**   *She wants to buy a CD.*
Ben **moet** de was **doen.**   *Ben has to do the washing.*

When used with the modal verb **hoeven** the infinitive at the end is always preceded by **te:**

Ben **hoeft** de was niet **te doen.**   *Ben doesn't have to do the washing.*

If the infinitive at the end of the sentence is **hebben** or **gaan,** it is often left out:

Wij **willen** een biertje **(hebben).**   *We want (to have) a beer.*

Ik **moet** naar het station (**gaan**).   *I have to go to the (railway) station.*

Form

The forms of the modal verbs are irregular.

	zullen *will*	**willen** *want*	**kunnen** *can/ be able to*	**mogen** *may/ be allowed*	**moeten** *must/ have to*	**hoeven**** *(don't) have to*
ik	zal	wil	kan	mag	moet	hoef
jij	zal/zult*	wil/wilt*	kan/kunt*	mag	moet	hoeft
u	zal/zult*	wil/wilt*	kan/kunt*	mag	moet	hoeft
hij/zij/het	zal	wil	kan	mag	moet	hoeft
wij	zullen	willen	kunnen	mogen	moeten	hoeven
jullie	zullen	willen	kunnen	mogen	moeten	hoeven
u	zal/zult*	wil/wilt*	kan/kunt*	mag	moet	hoeft
zij	zullen	willen	kunnen	mogen	moeten	hoeven

*Zult, wilt and **kunt** are more formal than **zal, wil** and **kan.**

****Hoeven** is only used in negative contexts, i.e. when you *don't* have to do something.

14 Separable verbs

Separable verbs are made up of two parts which are sometimes separated when used in a sentence. The two parts are the prefix and the main part of the verb. For instance, **uit** (*out*) and **gaan** (*to go*) together make up the separable verb **uitgaan** *(to go out)*. Some other separable verbs are:

weggaan	*to go away*	opeten	*to eat up*
opbellen	*to call up*	uitgeven	*to spend*
aankomen	*to arrive*	ophangen	*to hang up*

When to separate?

When used in a sentence, the main part of the separable verb takes its ordinary place as the main verb at the beginning of the sentence. The prefix is moved to the very end.

Ik **hang** mijn kleren **op.**   *I'm hanging up my clothes.*
Geef jij altijd zoveel geld **uit**?   *Do you always spend this much money?*

When not to separate?

When a separable verb is used with another verb, e.g. a modal verb, then the whole verb appears at the end of the sentence.

Wil jij het restaurant **opbellen**? *Do you want to call the restaurant?*

Jantje moet alles **opeten**! *Jantje has to eat up everything!*

If you combine a verb with **hoeven** *(not have to)*, then you need to put **te** in front of the infinitive at the end of the sentence. If this infinitive is a separable verb, **te** splits up the two parts of the separable verb:

Je hoeft niet alles **op** te **eten**. *You don't have to eat up everything.*

15 Imperative

The imperative is a verb form which is used to give commands and instructions, for example *come!*, *sit down!* and *leave!* In Dutch, the imperative is made with the stem of the verb.

Kom hier. *Come here.*

With separable verbs the prefix comes last.

Ga weg. *Go away.*
Kom binnen. *Come in.*

Note that Dutch also often uses the infinitive form of verbs to give instructions. For example:

Niet parkeren. *No parking.* (lit. *not to park*)

16 Talking about the future

There are three different ways of talking about the future in Dutch.

The present tense

Simply using the present tense is the most common way of talking about the future.

Ik ben er vanavond niet. *I won't be there tonight.*
We kopen morgen een zeilboot. *We'll buy a sailing boat tomorrow.*

Gaan *To go*

Combining a form of the verb **gaan** (*to go*) with an infinitive at the end of the sentence is another common way of talking about the future.

Marion gaat morgen winkelen.	*Marion's going shopping tomorrow.*
Wanneer gaan jullie tennissen?	*When are you going to play tennis?*

Zullen *Will*

Zullen is the verb with which to form the future tense proper: **zullen** + an infinitive at the end of the sentence. However, **zullen** isn't used as often as the present tense or **gaan** to refer to the future. The main reason for using **zullen** is to make a promise or to give a guarantee.

Ik zal het proberen.	*I will try.*
Mijn collega zal het voor u regelen.	*My colleague will arrange it for you.*

17 Negatives

Sentences can be made negative in Dutch by using either **niet** or **geen**. There is no need to add a verb like *to do*, as you often have to in English.

Niet *Not*

Niet simply means *not* and is the most common way of making sentences negative. **Niet** is generally placed at the very end of a sentence:

Ik begrijp het **niet**.	*I don't understand (it).*

There are a few exceptions to this rule. **Niet** is always put in front of:

1 verbs which are placed at the end (see under modal verbs, for instance)

Hij wil zijn huiswerk **niet** doen.	*He doesn't want to do his homework.*

2 prepositions (words like *in, on, under, with*, etc.)

We gaan **niet** naar de bioscoop.	*We're not going to the cinema.*

3 descriptive words like adjectives

Vind jij Rembrandt **niet** mooi? *You don't find Rembrandt beautiful?*

Geen *Not one / not any*

Geen is used in combination with indefinite nouns (nouns which are used with **een** or without an article at all).

Heb jij een pen?	*Do you have a pen?*
Nee, ik heb **geen** pen.	*No, I don't have a pen.*
Wil je melk?	*Would you like milk?*
Nee, ik wil **geen** melk.	*No, I don't want any milk.*
Heb jij postzegels?	*Do you have any stamps?*
Nee, ik heb **geen** postzegels.	*No, I don't have any stamps.*

Other negatives

Here are some other useful words or ways of expressing something negative.

* **nog niet / nog geen** *(not yet)*: when something hasn't happened yet:

  We zijn **nog niet klaar**. *We're not ready yet.*

  Ik heb **nog geen** DVD-speler. *I don't have a DVD player yet.*

* **niet meer / geen ... meer** *(not any more)*: when something has ended:

  Ze heeft die auto **niet meer**. *She doesn't have that car any more.*

  Ik wil **geen** wijn **meer**. *I don't want any more wine.*

* **nergens** *(nowhere)*, **nooit** *(never)*, **niemand** *(no one)*, **niets** *(nothing)*.

  Ik kan **nooit** mijn sleutels vinden. *I can never find my keys.*

18 Time, manner, place

When talking about the time when something takes place, the manner (or with whom) and the location of what you're describing in Dutch, then this information is usually given in exactly this order: time – manner – place.

> Peter gaat morgen (*time*) met de auto (*manner*) naar Amsterdam (*place*).
> *Peter is going to Amsterdam by car tomorrow.*

As you can see, the standard order in English is place – manner – time. As in English, this order isn't absolute and it can be changed to highlight certain information, for instance, or to stress a particular point.

> Hij gaat naar Groningen morgen!   *He's going to Groningen tomorrow!*

19 Prepositions

Here are some frequently used prepositions. Note that the meaning of prepositions often depends on the context, so may not always be as straightforward as this list suggests.

in	*in*	op	*on*
onder	*under*	voor	*in front of, for*
achter	*behind*	naast	*next to*
over	*over*	tussen	*between*
tegen	*against*	uit	*from, out of*
bij	*at, near*	door	*through, by*
naar	*to*	na	*after*

aan *on, to*
aangeven *to indicate*
(zich) aankleden *to get dressed*
aankomen *to arrive*
aantrekkelijk *attractive*
de aardappel *potato*
de aardbei *strawberry*
aardig *nice*
de abricoos *apricot*
de acteur *actor*
actief *active*
de activiteit *activity*
de actrice *actress*
de administrateur *administrator*
adoreren *to adore*
het adres *address*
het advies *advice*
de advocaat *lawyer*
de afdeling *department*
afgesproken *agreed*
afhalen *to collect*
afmaken *to finish*
de afrit, de afslag (motorway) *exit*
afronden *to round off*
de afspraak *appointment, arrangement*
afspreken *to make an appointment, arrange*
het afval *rubbish*
afzeggen *to cancel* (an appointment)
al *already*
al met al *all in all*
allebei *both*
alledaags *everyday-like*

alleen *only, alone*
allemaal *all*
allerlei *all sorts of*
altijd *always*
(zich) amuseren *to amuse oneself*
analyseren *to analyse*
de ananas *pineapple*
ander *other*
anderhalf *one and a half*
anders *otherwise*
de andijvie *endive*
de apotheek *pharmacist*
de appel *apple*
de arm *arm*
het artikel *article*
artistiek *artistic*
de aspirine *aspirin*
de assistent(e) *assistant*
de augurk *gherkin*
de automaat *machine*
de autosnelweg *motorway*
de avond *evening*

de baan *job*
bakken *to fry*
de bakker *baker*
de bal *ball*
de banaan *banana*
de bank *bank*
de bankassistent(e) *bank employee*
bazig *bossy*
bedankt *thanks*
bedoelen *to mean*
het bedrijf *company*
de bedrijfscultuur *company culture*

het been *leg*
een beetje *a little*
beginnen *to begin*
begrijpen *to understand*
behalve *except*
bekritiseren *to criticize*
belangrijk *important*
belegen *mature* (cheese)
de belegen kaas *mature cheese*
bellen *to ring*
bepaald *certain*
beperken *limit/restrict*
bereid *prepared*
de berg *mountain*
het beroep *profession*
beslist *certainly*
besluiteloos *indecisive*
bestaan *to exist*
bestellen *to order*
betalen *to pay*
de betaling *payment*
betekenen *to mean*
beter *better*
betrouwbaar *reliable*
de beurt *turn*
bewolkt *cloudy*
bezitten *to possess*
het bezoek *visit*
de bibliothecaris (-esse) *librarian*
bieden *to offer*
de biefstuk *steak*
het bier *beer*
bij *at, by, in, near*
bijna *nearly*
het biljet *note (money)*
binnen *inside*
de bioscoop *cinema*
blauw *blue*
blijven *to stay*
de bloem *flower*
de bloemkool *cauliflower*
boeiend *exciting*
het boek *book*
boeken *to book*
het bolletje *roll (bread)*
boodschappen *shopping*
Boogschutter *Sagittarius*
de boon *bean*
borduren *to embroider*

de borrel *strong drink*
het bos *wood*
de boter *butter*
de boterham *sandwich*
boven *above*
breien *to knit*
brengen *to bring*
de briefkaart *postcard*
de bril *glasses*
de broek *trousers*
de broer *brother*
het broodje (bread) *roll*
bruin *brown*
de bui *shower* (of rain)
de buik *stomach*
buiten *outside*
buitenland *abroad*
de bushalte *bus stop*
de buurt *neighbourhood*

het cadeau *gift*
camoufleren *to disguise/camouflage*
de camping *campsite*
het centrum *centre*
chagrijnig *moody*
de chauffeur *driver*
de chocola *chocolate*
het colbert *jacket*
comfortabel *comfortable*

daar *there*
daarna *next*
daarnaast *next to*
de dag *day*
dan *then*
danken *to thank*
dansen *to dance*
dat *that*
delen *to share*
denken *to think*
de deur *door*
deze *this, these*
dicht *shut*
de dienst *service*
de dijk *dyke*
dik *fat*
dineren *to dine*
het ding *thing*
dit *this*
de docent(e) *lecturer*

de dochter *daughter*
doen *to do*
de dokter *doctor*
dol *mad*
dom *stupid*
domineren *to dominate*
donker *dark*
doorverbinden *to connect*
het dorp *village*
dorst hebben *to be thirsty*
dragen *to wear, carry*
de drank *drink*
dringend *urgent*
drinken *to drink*
de drogist *chemist*
droog *dry*
de drop *liquorice*
de druif *grape*
druk *busy*
drukken *to press, print*
duidelijk *obvious*
duizeligheid *dizziness*
dun *thin*
dus *so, thus*
duur *expensive*

echt *real, really*
effen *plain*
egoïstisch *selfish*
het ei (pl. eieren) *egg*
eigen *own*
eigenlijk *really, actually*
het eind *end*
de electriciteit *electricity*
het elftal *team* (of eleven)
elk *each*
elkaar *each other*
emailen *to send an email*
de energie *energy*
energiek *energetic*
de enige *the only one*
enkel *single*
er *there*
ergens *somewhere*
eruitzien *to look* (like)
de ervaring *experience*
de erwt *pea*
eten *to eat*
etenswaren *food*

de euro (pl. euro's) *euro*
evenveel *as much*

de familie *family*
het familieleven *family life*
fanatiek *fanatical*
fantastisch *fantastic*
favoriet *favourite*
het feest *party*
de fiets *bicycle*
fietsen *to cycle*
de file *traffic jam*
filosofisch *philosophical*
de fles *bottle*
de foto *photograph*
fraai *pretty*
de framboos *raspberry*

gaan *to go*
gaan met … *to go out with …*
de garnaal *prawn*
gebaseerd op *based on*
geboekt *booked*
geboren *born*
het gebrek aan *(the) lack of*
gebroken *broken*
gebruiken *to use*
gedisciplineerd *disciplined*
geduldig *patient*
geel *yellow*
geen *no*
het gehakt *mince*
de geitenkaas *goat's cheese*
gek zijn op *to be crazy about*
geldig *valid*
gelijk *equal*
de gemeente *municipality*
het geneesmiddel *medicine*
genieten *to enjoy*
de geschiedenis *history*
het gesprek *conversation*
gestreept *striped*
gevaarlijk *dangerous*
geven *to give*
het gevoel *sense/feeling*
gevoelig *sensitive*
het gevolg *result*
gevuld *filled*
geweldig *terrific*
het gewicht *weight*

gewoon *ordinary, just*
gezellig *cosy, fun to be around*
het gezin *family*
gezond *healthy*
de gids *guide*
het glas *glass*
glimlachen *to smile*
goed *good*
goedaardig *good-hearted*
goedkoop *cheap*
gooien *to throw*
graag *please*
de gracht *canal (in towns)*
de griep *flu*
de griezelfilm *horror film*
grijs *grey*
groen *green*
de groente *vegetable*
de groenteboer *greengrocer*
groot *big*
de grootouder *grandparent*

het haar *hair*
de haast *haste*
haasten *to hurry*
de hagelslag *hundreds and thousands*
halen *to fetch*
de halfvolle melk *semi-skimmed milk*
de hals *neck*
het hapje *snack*
hard *fast*
hartelijk *warm, affectionate*
hebben *to have*
heel *very, whole*
heel veel *a great many things*
heerlijk *lovely*
heidevelden *moors*
helaas *unfortunately*
helpen *to help*
de herfst *autumn*
herhalen *to repeat*
heten *to be called*
hier *here*
hoe *how*
de hoek *corner*
de hoest *cough*
hoesten *to cough*
hoeveel *how much*
honger hebben *to be hungry*

het hoofd *head*
de hoofdstad *capital*
het hoofdgerecht *main course*
de hooikoorts *hay fever*
houden van *to like*
het huis *house*
de huisarts *general practitioner*
huiselijk *homely*
het huisje *cottage/cabin*
het huiswerk *homework*
humeurig *cross, moody*
humor *humour*

het idee *idea*
ieder *each*
iemand *someone*
iets *something*
het ijs *ice, ice cream*
ijverig *industrious*
de ingang *entrance*
ingewikkeld *complicated*
inleveren *to hand in*
de innerlijke rust *inner peace*
instappen *to get in*
integer *honest/honourable*
interessant *interesting*
(zich) interesseren *to be interested*
de invloed *influence*
irriteren *to irritate*

het jaar *year*
het jaargetijde *season*
jaloers *jealous*
jarig, ik ben~ *it's my birthday*
de jas *jacket*
jeuken *to itch*
jong *young*
de jonge kaas *young cheese*
de jongen *boy*
de jurk *dress*
de jus d'orange *orange juice*

de kaart *map, ticket*
het kaartje *ticket*
de kaas *cheese*
de kabeljauw *cod*
de kam *comb*
de kamer *room*
kamperen *to camp*
de kans *chance*

het kantoor *office*
kapot *broken*
de kapsalon *hairdressers*
de karaktereigenschap *(personal) characteristic*
de karaktertrek *(personal) characteristic*
de kassa *checkout*
de keel *throat*
de keer *turn, time*
de kennis *acquaintance, knowledge*
de kerk *church*
de ketting *necklace*
de keuken *kitchen*
de keuze *choice*
kijken *to look*
het kind (pl. kinderen) *child*
de kip *chicken*
klaar staan *to be ready*
de klant *client, customer*
klein *small*
het kleingeld *change*
kleinzielig *small-minded*
klemmen *to stick, jam*
de kleren (pl.) *clothes*
kletsen *to chat*
de kleur *colour*
knap *good-looking* (also: *clever*)
knippen *to cut* (with scissors)
de knop *handle*
de koekepan *frying pan*
het koekje *biscuit*
koel *cool, cold*
de koffer *suitcase*
de koffie *coffee*
koken *to cook*
komen *to come*
het kompas *compass*
de kool *cabbage*
de koorts *fever*
kopen *to buy*
koppig *headstrong*
kort *short*
kosten *to cost*
koud *cold*
de kracht *strength*
de krant *newspaper*
de krat *crate*
de kreeft *lobster*

Kreeft *Cancer*
krijgen *to get*
de kroeg *bar/café/pub*
de kruidenier *grocer*
het kruispunt *crossroads*
de krul *curl*
het kuipje *tub*
kunnen *to be able*
de kunst *art*
de kunstenaar (-ares) *artist*
kussen *to kiss*
het kwart *quarter*
de kwestie *matter*
kwetsbaar *vulnerable*
de kwetsbaarheid *vulnerability*

de laars *boot*
laat *late*
het lamsvlees *lamb* (meat)
het land *country*
lang *long*
langs *along*
langzaam *slow, slowly*
laten *to allow, let*
de leeftijd *age*
leeg *empty*
Leeuw *Leo*
leggen *to put, lay*
de leider *leader*
lekker *tasty*
lenen *to lend, borrow*
de lening *loan*
de lente *spring*
de leraar (-ares) *teacher*
leren *to teach, learn*
de les *lesson*
letten op *to pay attention to*
leuk *nice*
lezen *to read*
het lichaam *body*
het licht *light*
licht *light*
liefhebbend *loving*
liever *rather*
de lijn *route, line*
de lijst *list*
links *(to the) left*
de literatuur *literature*
de loempia *spring roll*

logeren *to stay*
het loket *ticket office*
de lokettist(e) *ticket clerk*
loom *sluggish*
lopen *to walk*
de lucht *air*
luisteren *to listen*
lunchen *to have lunch*
de lunchpauze *lunch break*

de maag *stomach*
Maagd *Virgo*
de maaltijd *meal*
de maand *month*
maar *but*
de maat *size*
mager *thin*
de magere melk *skimmed milk*
magnifiek *magnificent*
maken *to make*
makkelijk *easy*
de manier *manner, way*
de martelaar *martyr*
matig *moderate*
de medestudent *fellow student*
de medewerker (-ster) *assistant*
meebrengen *to bring with you*
meekomen *to come with*
meenemen *to take with*
het meer *lake*
meer *more*
meest *most*
meestal *usually*
het meisje *girl*
de melk *milk*
de meloen *melon*
de mening *opinion*
de mens *person*
meteen *straightaway*
het meubel *piece of furniture*
het midden *middle*
minder *less*
minst *least*
de minuut *minute*
misschien *perhaps*
misselijk *sick*
het mobieltje *mobile phone*
de mode *fashion*
modieus *fashionable*

moe *tired*
de moeder *mother*
moederlijk *motherly*
moeilijk *difficult*
moeten *to have to*
mogen *to be permitted to*
de mond *mouth*
mooi *beautiful*
de morgen *morning*
morgen *tomorrow*
de mossel *mussel*
de motor *motorbike*
de mouw *sleeve*
de munt *coin*
de muziek *music*

na *after*
de naam *name*
naar *to*
naast *next*
de nacht *night*
nadenken *to think about*
het nagerecht *dessert*
het najaar *autumn*
nat *wet*
de nationaliteit *nationality*
het natuurgebied *nature area*
natuurlijk *natural, naturally*
de neiging *tendency*
nemen *to take*
net *neat*
het netwerk *network*
niets *nothing*
nieuw *new*
nodig *necessary*
nog *yet, still*
nogal *quite*
nu *now*
het nummer *number*

de ober *waiter*
de ochtend *morning*
de oefening *exercise*
het ogenblikje *moment*
de olie *oil*
om *about, around*
de oma *grandma*
omgaan *to go round* (with)
de omgeving *surroundings*
ondankbaar *ungrateful*

het ontbijt *breakfast*
ontbijten *to have breakfast*
ontdekken *to discover*
ontmoeten *to meet*
ontspannen *to relax*
de onweersbui *thunderstorm*
onweerstaanbaar *irresistible*
onweren *to storm*
onzorgvuldig *careless/sloppy*
het oog *eye*
ook *also*
de oom *uncle*
het oor *ear*
de opa *grandpa*
opbellen *to ring up*
openbaar *public*
ophalen *to fetch*
ophangen *to hang up*
oplossen *solve*
opnemen *to pick up*
oppassen *to look after, to be careful,*
   to babysit
opschrijven *to write down*
opstaan *to get up*
opzoeken *to visit*
oranje *orange* (colour)
organiseren *to organize*
oud *old*
de oude kaas *extra mature cheese*
de ouder *parent*
ouderwets *old-fashioned*
overal *everywhere*
overdekt *covered*
overheerlijk *delicious*
het overhemd *shirt*
overstappen *to change* (buses, etc.)
oversteken *to cross* (road)
het overwerk *overtime*

het paar *pair*
een paar *few*
paars *purple*
het pak *suit/carton*
het pakje *parcel*
pakken *to pack/fetch*
het papier *paper*
pas *not until*
passen *to try on*
passeren *to pass*

de patat *chips* (French fries)
de pauze *break*
de peer *pear*
het perron *platform*
de persoon *person*
de perzik *peach*
het petje *cap*
de pijn *pain*
het pilletje *pill*
de pils *beer*
het pilsje *glass of beer*
de pindakaas *peanut butter*
pinnen *to pay by card/get money*
   from an ATM
de pincode *pin code*
de plaats *place*
plaatselijk *local*
het plakje *slice*
het plastic tasje *plastic bag*
het platteland *country* (side)
de poes *cat*
de politie *police*
de politieagent *policeman/woman*
het politiebureau *police station*
het postkantoor *post office*
de pot *jar*
prachtig *wonderful*
de praktijk *practice* (doctor's)
praktisch *practical*
praten *to talk*
de prei *leek*
pretentieus *pretentious*
het pretpark *theme park*
prettig *nice*
de prioriteit *priority*
privé *private*
het probleem *problem*
het programma *programme*
het project *project*
punctueel *punctual*
het puntje *crusty roll*

het raam *window*
raar *strange*
de radijs *radish*
Ram *Aries*
reageren op *to react to*
het recept *recipe, prescription*
rechtdoor *straight ahead*

rechts *(to the) right*
redelijk *reasonable*
de redacteur *editor*
de reden *reason*
de regen *rain*
de reis *journey*
reizen *to travel*
het reisbureau *travel agent*
de rekening *account*
de relatie *relationship*
repareren *to repair*
de restauratie *station buffet*
het retour *return*
riant *ample/considerable*
de richting *direction*
de riem *belt*
rijden *to drive*
de rijst *rice*
het risico *risk*
de rok *skirt*
romantisch *romantic*
rond *round*
rood *red*
de room *cream*
de rotonde *roundabout*
de rug *back*
de rugzak *rucksack*
het rundvlees *beef*
rustig *quiet*

saai *boring*
samen *together*
het sap *juice*
schaatsen *to skate*
schaken *to play chess*
de schelvis *haddock*
schijnen *to seem*
schilderen *to paint*
het schilderij *painting*
schitterend *marvellous, wonderful*
de schoen *shoe*
de schol *plaice*
schoonmaken *to clean*
Schorpioen *Scorpio*
de schotel *dish, meal*
de schouwburg *theatre*
schreeuwen *to scream*
schrijven *to write*
de secretaresse *secretary*

de sinaasappel *orange* (fruit)
de sinaasappelsap *orange juice*
sinds *since*
skeeleren *in-line skating*
de sla *lettuce*
de slaapzak *sleeping bag*
de slager *butcher*
slank *slim*
slapen *to sleep*
slecht *bad*
slechts *only*
de sleutel *key*
slim *smart/clever*
de sluis *lock* (canal etc.)
smaken *to taste*
smeren *to spread*
sneeuwen *to snow*
snel *fast*
snijden *to cut*
het snoepje *sweet*
sociaal *socially minded*
de soep *soup*
soms *sometimes*
het soort *type*
het souterrain *basement*
spa blauw *still mineral water*
spa rood *sparkling mineral water*
sparen *to save*
de speelfilm *film*
spelen *to play*
de sperzieboon *green bean*
de spijkerbroek *jeans*
de spinazie *spinach*
spiritueel *spiritual*
het spoorboekje *railway timetable*
de spoorweg *railway*
sporten *to play sport*
het spreekuur *surgery time*
spreken *to speak*
staan *to stand*
de stad (pl. steden) *town*
star *uncompromising*
het statiegeld *extra charge on glass bottles*
Steenbok *Capricorn*
stempelen *to cancel* (ticket)
sterk *strong*
Stier *Taurus*
stijf *stiff*

stil *quiet*
de stoel *chair*
het stoplicht *traffic light*
stoppen *to stop*
storen *to disturb*
de straat *street*
strak *tight*
straks *soon*
de strip *comic*
de stropdas (neck) *tie*
studeren *to study*
de studie *studies*
het stuk *piece*
de suiker *sugar*
de supermarkt *supermarket*
sympathiek *sympathetic*
het symptoom *symptom*
het systeem *system*

de taal *language*
tactvol *tactful*
de tafel *table*
tamelijk *fairly*
de tandarts *dentist*
de tandenborstel *toothbrush*
de tandpasta *toothpaste*
de tante *aunt*
de tas *bag*
tegen *against, to*
de tekst *text*
de telefoon *telephone*
het telefoonnummer *telephone number*
tennissen *to play tennis*
de tentoonstelling *exhibition*
het terras *outdoor patio of a restaurant/terrace*
terug *back*
terugkomen *to come back*
de thee *tea*
thuis *at home*
de tijd *time*
het tijdschrift *magazine*
toch *nevertheless*
de tocht *trip*
het toetje *'afters'*
de tomaat *tomato*
het toneel *stage*
tot *to*

traag *slow*
de trap *stairs*
de trein *train*
de trekkershut *cabin*
trouwens *indeed*
de trui *sweater*
de tuin *garden*
tussen *between*
tweedehands *secondhand*
Tweelingen *Gemini*

de ui *onion*
uit *out*
de uitdaging *challenge*
uitgebreid *extensive, elaborate*
uitgeven *to spend*
uitkleden *to undress*
uitlaten *to walk (a dog)*
uitreiken *to give out*
de uitslag *result*
het uitstapje *trip*
uitstekend *excellent*
het uitzicht *view*
de universiteit *university*
het uur *hour*

vaak *often*
de vader *father*
de vakantie *holiday*
vallen *to fall*
van *of, from*
vanaf *from*
vanavond *this evening*
vandaag *today*
vanmiddag *this afternoon*
vanochtend *this morning*
vanuit *from*
varen *to sail*
het varkensvlees *pork*
veel *much, many*
veeleisend *demanding*
ver *far*
veranderen *to change*
verantwoordelijk *responsible*
verbinden *to connect*
de verbinding *connection*
verdienen *to earn*
verdrietig *sad*
vergelijken *to compare*
vergeten *to forget*

(zich) vergissen *to be mistaken*
de verjaardag *birthday*
(zich) verkleden *to change* (clothes)
verkwistend *wasteful*
verkopen *to sell*
verkoper *salesperson*
verlaten *to leave*
verliefd zijn op *to be in love with*
(zich) vermaken *to enjoy oneself*
verpleger (-ster) *nurse*
het verschil *difference*
verschillen *to differ*
verschillend *different*
versturen *to send*
vertrekken *to depart*
(zich) vervelen *to get bored*
vervelend *irritating, a nuisance*
het vervoer *transport*
de verwarming *heating*
verwend worden *to be spoiled*
verzamelen *to collect*
vieren *to celebrate*
vies *dirty*
vinden *to find*
vindingrijk *inventive/resourceful*
de vis *fish*
Vissen *Pisces*
vlakbij *close to*
het vlees *meat*
het vliegveld *airport*
de vlucht *flight*
(zich) voelen *to feel*
de voet *foot*
het voetbal *football*
voetballen *to play football (soccer)*
volgend *next*
volgens *according to*
de volle melk *full fat milk*
voor *for, before, in front of*
vooraf *before* (time)
vooral *especially, above all*
het voorbeeld *example*
voorbereiden *to prepare*
het voorgerecht *hors d'oeuvres, starter*
het voorjaar *spring*
de voorkeur *preference*
voorstellen *to introduce, propose*
vorig *previous*

de vraag *question*
vragen *to ask*
vreemd *strange*
vreselijk *terrible/terribly*
de vriend(in) *friend*
vriendelijk *friendly*
vriezen *to freeze*
vrij *free, fairly*
vroeg *early*
vrolijk *jolly*
de vrouw *woman*
de vuilniszak *rubbish bag*

waaien *to blow*
waar *where*
wachten *to wait*
de wandeling *walk*
wanneer *when*
want *because*
het warenhuis *department store*
(zich) wassen *to wash oneself*
wat *what*
wat ... betreft *as far as ... goes*
Waterman *Aquarius*
de website-ontwerper *website designer*
het weer *weather*
Weegschaal *Libra*
de week *week*
de weersverwachting *weather forecast*
weertje *(lovely) weather*
de weg *road*
weggaan *to go away, leave*
weinig *few, little*
welk *which*
het werk *work*
de werkdruk *work pressure*
werken *to work*
weten *to know*
wie *who*
de wijn *wine*
willen *to want, wish*
de winkel *shop*
de winkelbediende *shop assistant*
winkelen *to shop*
wisselen *to (ex)change*
wisselend *changeable*
het wisselkantoor *bureau de change*

wit *white*
wonen *to live*
worden *to become*
de wortel *carrot*

zacht *soft, mild*
de zak *bag, pocket*
het zakdoekje *hanky*
zakelijk *regarding business*
de zakenman *businessman*
de zakenvrouw *businesswoman*
het zakje *(small) bag*
de zee *sea*
de zeep *soap*
de zegel *(postage) stamp*
zeggen *to say*
zeilen *to go sailing*
zeker *certain, certainly*
zelfs *even*
zelfvertrouwen *self-confidence*
zetten *to place*
zeuren *to nag/complain*
ziek *sick*
het ziekenhuis *hospital*
de ziekte *illness*
zien *to see*
zijn *to be*

zin hebben in/om te *to fancy (doing) something*
zitten *to sit*
zo *so, like this/that, right away*
zoals *such as*
zoeken *to look for*
zoenen *to kiss*
zoet *sweet*
de zomer *summer*
de zon *sun*
zonder *without*
zonnig *sunny*
de zoon *son*
zorgzaam *caring*
zout *salty*
zuid *south*
zuigen *to suck*
de zus *sister*
zuur *sour*
zwart *black*
het zwembad *swimming pool*
zwemmen *to swim*

English–Dutch vocabulary

(a) little een beetje
(be) able (vb) kunnen
about/around om
above boven
abroad (in) het buitenland
according to volgens
account de rekening
acquaintance de kennis
active actief
activity de activiteit
actor de acteur
actress de actrice
address het adres
administrator de administrateur
adore (vb) adoreren
advice (give good advice) raad (een goede raad geven), het advies
after na
(in the) afternoon 's middags
against / to tegen
age de leeftijd
agreed afgesproken
air de lucht
airport het vliegveld
alarm clock de wekker
all allemaal; *all in all* al met al; *all sorts of* allerlei
allow / let (vb) laten
allowed (be allowed) mogen
along langs
already / as early as al
also ook
although (ook) al
always altijd

ample / considerable riant
amuse oneself (vb) (zich) amuseren
analyse (vb) analyseren
anderen others
apple de appel
appointment / arrangement de afspraak
apricot de abricoos
Aquarius Waterman
Aries Ram
arm de arm
arrive (vb) aankomen
art de kunst
article het artikel
artist de kunstenaar (-ares)
artistic artistiek
as far as … goes wat … betreft
as much evenveel
ask (vb) vragen
aspirin de aspirine
assistant de assistent(e), de medewerker (-ster)
at bij; *at home* thuis; *at night (after midnight)* 's nachts
attractive aantrekkelijk
aunt de tante
autumn de herfst, het najaar

back de rug
back terug
bad slecht
badly slecht
bag de tas, zak
bag (small) het zakje
baker de bakker

ball de bal
banana de banaan
bank de bank; *bank employee* de bankassistent(e)
bar / pub de kroeg, de bar, het café
based on gebaseerd op
basement het souterrain
be (vb) zijn
bean de boon
beautiful mooi
because want
become (vb) worden
become used to (vb) wennen
beef het rundvlees
beer de pils, het bier
before voor
begin beginnen
behaviour het gedrag
belt de riem
better beter
between tussen
bicycle de fiets
big groot
birthday de verjaardag; *it's my birthday* ik ben jarig
biscuit het koekje
black zwart
blend / mix (vb) mengen
blow (vb) blazen
blow (wind) (vb) waaien
blue blauw
body het lichaam
book (vb) boeken
book het boek
booked geboekt
boot de laars
bored (to get bored) (zich) vervelen
boring saai
born geboren
borrow lenen
bossy bazig
both allebei
bottle de fles; *extra charge on glass bottles* het statiegeld
boy de jongen
boyfriend de vriend
break de pauze
breakfast het ontbijt; *have breakfast* (vb) ontbijten

bring (vb) brengen; *bring with* (vb) meebrengen
broken gebroken, kapot
brother de broer
brown bruin
bureau de change het wisselkantoor
bus stop de bushalte
businessman de zakenman
businesswoman de zakenvrouw
busy druk
but maar
butcher de slager
butter de boter
buy (vb) kopen
by bij, door, tegen

cabbage de kool
cabin de trekkershut
café de kroeg, het café, de bar
(be) called (vb) heten
camp (vb) kamperen
campsite de camping
canal (in towns) de gracht
cancel (an appointment) (vb) afzeggen
cancel (ticket) (vb) afstempelen
Cancer Kreeft
cap het petje
capital de hoofdstad
Capricorn Steenbok
careless / sloppy onzorgvuldig
caring zorgzaam
carrot de wortel
carton het pak
carry (vb) dragen
cat de poes, kat
cauliflower de bloemkool
celebrate (vb) vieren
centre (of town) het centrum
certain bepaald
certainly zeker, beslist
chair de stoel
challenge de uitdaging
chance de kans
change het kleingeld
change (vb) veranderen; *(buses etc.)* overstappen; *(clothes)* (zich) verkleden, omkleden; *(money etc.)* wisselen

changeable wisselend
characteristic (personal) de karaktertrek, de karaktereigenschap
chat (vb) kletsen
cheap goedkoop
checkout de kassa
cheese de kaas; *extra mature cheese* de oude kaas; *mature cheese* de belegen kaas; *young cheese* de jonge kaas
chemist de drogist
chess (to play chess) schaken
chicken de kip
child het kind (pl. kinderen)
chips (French fries) de patat, friet
chocolate de chocola(de)
choice de keuze
church de kerk
cinema de bioscoop
clean (vb) schoonmaken
clean schoon
clever knap, slim
client / customer de klant
close to vlakbij
clothes de kleren (pl.)
cloudy bewolkt
cod de kabeljauw
coffee de koffie
coin de munt
cold koel, koud
collect (vb) afhalen, verzamelen
colour de kleur
comb de kam
come (vb) komen; *come back* (vb) terugkomen; *come with/along* (vb) meekomen
comfortable comfortabel
comic de strip
company het bedrijf; *company culture* de bedrijfscultuur
compare (vb) vergelijken
compass het kompas
complicated ingewikkeld
connect (vb) verbinden, doorverbinden
connection de verbinding
conversation het gesprek
cook (vb) koken

corner de hoek
cost (vb) kosten
cottage / cabin het huisje
cough de hoest, hoesten (vb)
country het land
countryside het platteland
covered overdekt
crate de krat
cream de room
criticize (vb) bekritiseren
cross (a road) (vb) oversteken
crossroads het kruispunt
curl de krul
cut (vb) knippen, snijden
cycle (vb) fietsen

dance (vb) dansen
dangerous gevaarlijk
dark donker
daughter de dochter
day de dag
delicious lekker, overheerlijk
demanding veeleisend
dentist de tandarts
depart (vb) verstrekken
department de afdeling
department store het warenhuis
departure het vertrek
dessert het nagerecht, toetje, dessert
differ (vb) verschillen
difference het verschil
different verschillend, anders
difficult moeilijk
dine (vb) dineren
direction de richting
dirty vies
disciplined gedisciplineerd
discover (vb) ontdekken
disguise / camouflage (vb) camoufleren
dish / meal de schotel
disturb (vb) storen
dizziness duizeligheid
do (vb) doen
doctor de dokter
dominate (vb) domineren
door de deur
dream (vb) droom, dromen
dress de jurk
(get) dressed (vb) (zich) aankleden

drink de drank, de borrel
drink (vb) drinken
drive (vb) rijden
driver de chauffeur, bestuurder
dry droog
dyke de dijk

each elk, ieder; *each other* elkaar
ear het oor
early vroeg
earn (vb) verdienen
easy makkelijk
eat (vb) eten
editor de redacteur
egg het ei (pl. eieren)
elaborate uitgebreid
electricity de electriciteit
embroider borduren
empty leeg
end het eind
endive de andijvie
energetic energiek
energy de energie
enjoy (vb) genieten
enjoy oneself (vb) (zich) vermaken
entrance de ingang
equal gelijk
especially vooral
euro de euro (pl. euro's)
even zelfs
even though (ook) al
evening de avond; *in the evening*
   's avonds
everywhere overal
example het voorbeeld; *for example*
   bijvoorbeeld
excellent uitstekend
except behalve
exchange (vb) wisselen
exciting boeiend
exercise de oefening
exhibition de tentoonstelling
exist (vb) bestaan
exit (motorway) de afrit, de afslag
expensive duur
experience de ervaring
explain (vb) verklaren
extensive uitgebreid
eye het oog

fairly tamelijk, redelijk, vrij
fall (vb) vallen
family de familie, het gezin; *family*
   life het familieleven
fanatical fanatiek
fancy (a boy/girl/doing something)
   (vb) gek zijn op; *fancy (doing)*
   something (vb) zin hebben in/om
fantastic fantastisch
far ver
fashion de mode
fashionable modieus
fast hard, snel
fat dik
father de vader
favourite favoriet
feel (vb) (zich) voelen
fetch (vb) halen, ophalen
fever de koorts
(a) few een paar
few / little weinig
filled gevuld
film de (speel)film
find (vb) vinden
finish (vb) afmaken, eindigen
fish de vis
flight de vlucht
flower de bloem
flu de griep
food etenswaren
foot de voet
football het voetbal
for voor
forget (vb) vergeten
free vrij
freeze (vb) vriezen
friend (female) de vriendin
friend (male) de vriend
friendly vriendelijk
from vanuit, van; *from now on*
   voortaan
fry (vb) bakken
frying pan de koekepan
fun leuk; *fun to be around* gezellig

garden de tuin
Gemini Tweelingen
general practitioner de huisarts
get krijgen; *get up* (vb) opstaan; *get*
   in/on (vb) instappen

gherkin de augurk
gift het cadeau
girl het meisje
girlfriend de vriendin
give (vb) geven; *give out* (vb) uitreiken
glass het glas; *glass of beer* het pilsje, biertje
glasses de bril
go (vb) gaan; *go away* weggaan; *go out with* gaan met; *go round / mix with* omgaan
goat's cheese de geitenkaas
good goed
good-hearted goedaardig
good-looking (also: clever) knap
grandma de oma
grandpa de opa
grandparent de grootouder
grape de druif
green groen
green bean de sperzieboon
greengrocer de groenteboer
grey grijs
grocer de kruidenier
guide de gids

habit de gewoonte
haddock de schelvis
hair het haar
hairdresser's de kapsalon
hand in (vb) inleveren
handkerchief de zakdoek
handle de knop, het handvat
hang up (vb) ophangen
hanky het zakdoekje
haste de haast
have (vb) hebben
have to, must (vb) moeten
hay fever de hooikoorts
head het hoofd
headstrong koppig
healthy gezond
heating de verwarming
help (vb) helpen
here hier
history de geschiedenis
holiday de vakantie
homely huiselijk

homework het huiswerk
honest / honourable integer
horror film de griezelfilm
hors d'oeuvres het voorgerecht
hospital het ziekenhuis
hour het uur
house het huis
how hoe
how much hoeveel
humour de humor
hundreds and thousands de hagelslag
(be) hungry (vb) honger hebben
hurry (vb) (zich) haasten

ice, ice cream het ijs
idea het idee
ill ziek
illness de ziekte
important belangrijk
in bij; *in front of* voor
indeed trouwens
indicate (vb) aangeven
indecisive besluiteloos
industrious ijverig
influence de invloed
in-line skating skeeleren
inner peace de innerlijke rust
inside binnen
(be) interested (vb) (zich) interesseren
interesting interessant
introduce (vb) voorstellen
inventive / resourceful vindingrijk
irresistible onweerstaanbaar
irritate (vb) irriteren
irritating, a nuisance vervelend
itch (vb) jeuken

jacket de jas, het colbert
jar de pot
jealous jaloers
jeans de spijkerbroek
job de baan
jolly vrolijk
journey de reis
juice het sap
just gewoon

key de sleutel
kiss (vb) kussen, zoenen
kitchen de keuken

knit (vb) breien
know (vb) weten
knowledge de kennis

lack of het gebrek aan
lake het meer
lamb (meat) het lamsvlees
language de taal
late laat
lawyer de advocaat
lay / put (vb) leggen
leader de leider
learn (vb) leren
least minst
leave (vb) verlaten, weggaan
lecturer de docent(e)
leek de prei
left (to the) links
leg het been
lend (vb) lenen
Leo Leeuw
less minder
lesson de les
lettuce de sla
Libra Weegschaal
librarian de bibliothecaris (-esse)
light het licht, licht (adj.)
light (weight) licht
like (vb) houden van
limit / restrict (vb) beperken
line de lijn
liquorice de drop
list de lijst
listen (vb) luisteren
literature de literatuur
(a) little een beetje
little, few weinig
live (vb) leven; *live (in a place, house)* wonen
loan de lening
lobster de kreeft
local plaatselijk
lock (canal etc.) de sluis
long lang
look (vb) kijken; *look like* eruitzien; *look after* oppassen; *look for / seek* zoeken
love de liefde; *to be in love with* verliefd zijn op

lovely heerlijk
loving liefhebbend
lunch de lunch; *have lunch* (vb) lunchen
lunch break de lunchpauze

machine de automaat
mad gek, dol
magazine het tijdschrift
magnificent magnifiek
main course het hoofdgerecht
make (vb) maken; *make an appointment* afspreken
man de man, vent (informal)
manner / way de manier
many / much veel
map de man, kaart
martyr de martelaar
marvellous schitterend
matter de kwestie
meal de maaltijd
mean (vb) bedoelen, betekenen
meat het vlees
medicine het geneesmiddel, medicijn
meet (vb) ontmoeten
melon de meloen
middle het midden
mild zacht, mild
milk de melk; *full fat milk* de volle melk; *semi-skimmed milk* de halfvolle melk; *skimmed milk* de magere melk
mince het gehakt
minute de minuut
mistake de vergissing, fout
(be) mistaken (vb) (zich) vergissen
mix (with) (vb) (zich) mengen onder
mobile phone het mobieltje
moderate matig
moment het ogenblik(je)
month de maand
moody chagrijnig, humeurig
moors heidevelden
more meer
morning de morgen, ochtend; *in the morning* 's morgens, 's ochtends
most meest
mother de moeder
motherly moederlijk

motorbike de motor
motorway de (auto)snelweg
mountain de berg
mouth de mond
much / many veel
municipality de gemeente
music de muziek
mussel de mossel
must, have to (vb) moeten

nag / complain (vb) zeuren
name de naam
nationality de nationaliteit
natural / naturally natuurlijk
nature area het natuurgebied
nature / character de aard
near bij
nearly bijna
neat net, netjes
necessary nodig
neck de hals
necklace de ketting
neighbourhood de buurt
network het netwerk
nevertheless toch
new nieuw
newspaper de krant
next daarna, volgend; *next one* de
    volgende; *next to* daarnaast, naast
nice aardig, prettig
night de nacht
no nee, geen
not until pas
note (money) het biljet
nothing niets
now nu
number het nummer
nurse verpleger, verpleegster

obvious duidelijk
of van
offer (vb) (aan)bieden
office het kantoor
often vaak
oil de olie
old oud
old-fashioned ouderwets
on aan
onion de ui
only slechts; *only one* de enige

opinion de mening
orange (colour) oranje
orange (fruit) de sinaasappel
orange juice de jus d'orange,
    de sinaasappelsap
order (vb) bestellen
ordinary, just gewoon
organize (vb) organiseren
other ander
otherwise anders
out uit
outside buiten
overtime het overwerk
own eigen

pack / fetch pakken
pain de pijn
paint (vb) schilderen, verven
paint de verf
painting het schilderij
pair het paar
paper het papier
parcel het pakje
parent de ouder
party het feest
pass (vb) passeren
patient geduldig
pay betalen; *pay by card/get money
    from an ATM* pinnen; *pay
    attention to* letten op
payment de betaling
pea de erwt
peach de perzik
peanut butter de pindakaas
pear de peer
perhaps misschien
permitted to (vb) mogen
person de mens, de persoon
personal code het PINnummer
pharmacist de apotheek
philosophical filosofisch
photograph de foto
pick up (vb) opnemen
piece het stuk; *piece of furniture* het
    meubel
pill het pilletje, de pil
pin code de pincode
pineapple de ananas
Pisces Vissen
place de plaats

place (vb) zetten
plaice de schol
plain effen
plastic bag het plastic tasje
platform het perron
play (vb) spelen; *play football
(soccer)* voetballen; *play sport*
sporten; *play tennis* tennissen
please graag
pocket de zak
police de politie
police station het politiebureau
policeman de politieagent
policewoman de politieagente
polite beleefd
pork het varkensvlees
possess (vb) bezitten
post office het postkantoor
postcard de briefkaart
potato de aardappel
practical praktisch
(doctor's) practice de praktijk
prawn de garnaal
preference de voorkeur
prepare (vb) voorbereiden
prepared bereid
prescription het recept
present cadeau(tje), kado(otje) (old
spelling)
press / print (vb) drukken
pretentious pretentieus
pretty fraai
previous vorig
priority de prioriteit
private privé
problem het probleem
profession het beroep
programme het programma
project het project
propose (vb) voorstellen
public openbaar
punctual punctueel
purple paars
put / lay (vb) leggen

quarter het kwart
question de vraag
quiet rustig, stil
quite nogal, vrij tanelijk

radish de radijs
railway de spoorweg; *railway
timetable* het spoorboekje
rain de regen
raspberry de framboos
rather liever
react to (vb) reageren op
read (vb) lezen
(be) ready (vb) klaar staan
real / really echt
really / actually eigenlijk
reason de reden
reasonable redelijk
recipe het recept
red rood
relationship de relatie
relax (vb) ontspannen
reliable betrouwbaar
repair (vb) repareren
repeat (vb) herhalen
responsible verantwoordelijk
result de uitslag, het gevolg
return het retour
rice de rijst
right (to the) rechts
ring (vb) bellen; *ring up* opbellen
risk het risico
road de weg
roll (bread) het bolletje, het broodje;
roll (crusty) het puntje
romantic romantisch
room de kamer
round rond
round off (vb) afronden
roundabout de rotonde
route / line de lijn
rubbish het afval; *rubbish bag* de
vuilniszak
rucksack de rugzak

Sagittarius Boogschutter
sail (vb) zeilen; *sailing boat* varen
sailing boat zeilboot
salesperson (male) verkoper, *(female)*
verkoopster
salty zout
sandwich de boterham
save (vb) sparen
say zeggen

Scorpio Schorpioen
scream (vb) schreeuwen
sea de zee
season het jaargetijde
secondhand tweedehands
secretary de secretaresse
see (vb) zien
seem (vb) schijnen
self-confidence zelfvertrouwen
selfish egoïstisch
sell (vb) verkopen
send (vb) versturen; *send an email*
    emailen
sense / feeling het gevoel
sensitive gevoelig
service de dienst
share (vb) delen
shirt het overhemd
shoe de schoen
shop (vb) winkelen
shop de winkel
shop assistant de winkelbediende
shopping de boodschappen
short kort
shower (of rain) de bui
shut dicht
sick misselijk
sick / ill ziek
since sinds
single enkel
sister de zus
sit (vb) zitten
size de maat
skate (vb) schaatsen
skirt de rok
sleep slapen
sleeping bag de slaapzak
sleeve de mouw
slice het plakje
slim slank
slow traag
slowly langzaam
small klein
small-minded kleinzielig
smart / clever slim
smile (vb) glimlachen
snack het hapje
snow (vb) sneeuwen
snow de sneeuw

so / thus dus
soap de zeep
sociable sociaal
soft zacht
solve (vb) oplossen
someone iemand
something iets
sometimes soms
somewhere ergens
son de zoon
soon straks
soup de soep
sour zuur
south zuid
sparkling mineral water spa rood
speak (vb) spreken, praten
spend (vb) uitgeven
spinach de spinazie
spiritual spiritueel
(be) spoiled (vb) verwend worden
spread (vb) smeren
spring de lente, het voorjaar
spring roll loempia
stage het toneel
stairs de trap
stamp (a ticket) (vb) afstempelen
stamp (postage) de (post)zegel
stand (vb) staan
starter het voorgerecht
station het station; *station buffet*
    de restauratie
stay (vb) blijven; *stay (with someone)*
    logeren
steak de biefstuk
stick / jam (vb) klemmen
stiff stijf
still / yet nog
still mineral water spa blauw
stomach de buik, de maag
stop (vb) stoppen
store de winkel
storm (vb) onweer, stormen
straight on rechtdoor
straightaway meteen, direct
strange raar, vreemd
strawberry de aardbei
street de straat
strength de kracht
striped gestreept

strong sterk
student de student; *fellow student*
  de medestudent
studies de studie
study (vb) studeren
stupid dom
such as zoals
suck (vb) zuigen
sugar de suiker
suit het pak
suitcase de koffer
summer de zomer
sun de zon
sunny zonnig
supermarket de supermarkt
surgery (time) het spreekuur
surroundings de omgeving
sweater de trui
sweet het snoepje
sweet / nice zoet
swim (vb) zwemmen
swimming pool het zwembad
sympathetic sympathiek
symptom het symptoom
system het systeem

table de tafel
tactful tactvol
take (vb) nemen; *take with*
  meenemen
talk (vb) praten, spreken
taste (vb) smaken
tasty lekker
Taurus Stier
tea de thee
teach (vb) leren
teacher de leraar (-ares)
team (of 11) het elftal
telephone de telefoon; *telephone
  number* het telefoonnummer
tendency de neiging
terrible / terribly vreselijk
terrific geweldig
text de tekst
thank (vb) danken
thanks bedankt
that dat
theatre het theater, de schouwburg
theme park het pretpark

then dan
there daar, er
thin dun, mager
thing het ding
things, a great many heel veel
think (vb) denken; *think about*
  nadenken
(be) thirsty (vb) dorst hebben
this dit; *this afternoon* vanmiddag;
  this evening vanavond; *this
  morning* vanmorgen, vanochtend
this, these deze
though ook al
throat de keel
throw (vb) gooien
thunderstorm onweersbui
ticket het kaartje, de kaart; *ticket
  clerk* de lokettist(e); *ticket office*
  het loket
tidy / neat netjes
tie (neck-) de stropdas
tight strak
time de tijd
times (✕ times) keer (✕ keer)
tired moe
to naar, aan
to (up to, as far as) tot
today vandaag
together samen
tomato de tomaat
tomorrow morgen
toothbrush de tandenborstel
toothpaste de tandpasta
town de stad (pl. steden)
traffic jam de file
train de trein
transport het vervoer
travel (vb) reizen; *travel agent* het
  reisbureau
trip de tocht, het uitstapje
trousers de broek
try on (vb) passen
tub het kuipje
turn (my turn) de beurt (mijn beurt)
turn / time de keer
type het soort

uncle de oom
uncompromising star

understand (vb) begrijpen
undress (vb) uitkleden
unfortunate helaas
ungrateful ondankbaar
university de universiteit
urgent dringend
use (vb) gebruiken
(get) used to (vb) wennen
usually meestal

valid geldig
vegetables de groente
very heel
view het uitzicht
village het dorp
Virgo Maagd
visit het bezoek
visit (vb) opzoeken
vulnerability kwetsbaarheid
vulnerable kwetsbaar

wait (vb) wachten
waiter de ober
walk de wandeling
walk (vb) lopen, wandelen; *walk (a
  dog)* uitlaten
want / wish (vb) willen
warm / affectionate hartelijk
wash oneself (vb) (zich) wassen
wasteful verkwistend
way / manner de manier
wear (vb) dragen
weather het weer; *weather (lovely)*
  weertje
weather forecast de
  weersverwachting

website designer de website-ontwerper
week de week
weight het gewicht
wet nat
what wat
when wanneer
where waar
which welk(e)
white wit
who wie
whole heel
window het raam
wine de wijn
without zonder
woman de vrouw
wonderful prachtig, schitterend
woods bossen
work het werk; *work pressure* de
  werkdruk
work (vb) werken
write (vb) schrijven; *write down*
  opschrijven

year het jaar
yellow geel
yet / still nog
young jong

index

Grammatical points

Functions

Culture notes